AF500386

LE PRIEURÉ

DES

BÉNÉDICTINES DE SAINTE-CROIX

AUX SABLES D'OLONNE

PAR

Pierre RAMBAUD

MEMBRE DE LA SOCIÉTÉ DES ANTIQUAIRES DE L'OUEST

POITIERS

IMPRIMERIE BLAIS ET ROY

7, RUE VICTOR-HUGO, 7

1910

LE PRIEURÉ

DES

BÉNÉDICTINES DE SAINTE-CROIX

AUX SABLES D'OLONNE

PAR

Pierre RAMBAUD

MEMBRE DE LA SOCIÉTÉ DES ANTIQUAIRES DE L'OUEST

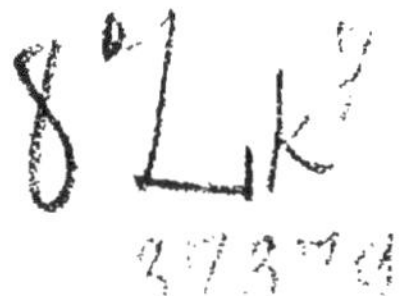

POITIERS

IMPRIMERIE BLAIS ET ROY

7, RUE VICTOR-HUGO, 7

1910

LE PRIEURÉ
DES BÉNÉDICTINES DE SAINTE-CROIX
AUX SABLES D'OLONNE

CHAPITRE PREMIER

Fondation du Prieuré de Sainte-Croix.

En 1631, la ville des Sables d'Olonne était complètement remise du pillage que les troupes protestantes de Soubise lui avaient fait subir dix ans auparavant. De plus, la prise de La Rochelle, en 1628, tout en réduisant à l'impuissance les partisans de la Réforme, n'avait point été sans favoriser son commerce aux dépens de sa rivale. Cette époque fut donc pour elle le début d'une prospérité qui allait se prolonger près d'un siècle (1). Elle incita, sans aucun doute, ses riches bourgeois ainsi que les nobles du voisinage à rechercher les moyens de faire instruire leurs filles dans un milieu digne de la fortune des uns et de la situation sociale des autres. Enfin, par la même occasion, serait préparée la disparition graduelle des derniers germes du protestantisme

(1) En 1621, les plus gros bateaux des côtes du Poitou atteignaient à peine 200 tonnes. Malgré leur faible tonnage, ils allaient fréquemment visiter les Antilles et pêcher la morue à Terre-Neuve. En 1784, il en restait encore 14 qui se livraient à cette pêche. (Affiches du Poitou, année 1784.)

qui, pendant si longtemps, avait divisé les grandes familles du Bas-Poitou. A l'enseignement mondain devait donc se joindre un enseignement religieux de la plus pure orthodoxie.

Dans ce but, les Sablais ne crurent pas mieux faire, en qualité de voisins et de feudataires de la famille de la Trémouille (1), que de s'adresser à l'abbaye de Sainte-Croix de Poitiers. Depuis le 25 juillet 1605, celle-ci était sous la direction de Flandrine de Nassau, fille de Guillaume le Taciturne et de sa troisième femme, Charlotte de Bourbon-Montpensier. Une des sœurs de cette abbesse, Madeleine de Luxembourg, avait épousé Gilbert de la Trémouille, marquis de Royan et comte d'Olonne, dont la quatrième fille fut Catherine, sur laquelle sa tante porta toute son affection. Le 8 août 1606, cette dernière racontait à sa sœur combien l'arrivée de sa nièce au couvent lui avait été agréable. Son affection pour la jeune novice ne fit que croître avec le temps. Dans une lettre du 16 janvier 1607, elle écrivait de nouveau : « Ma petite cousine de Royan est sy jolie et sy sage qu'elle m'oblige fort à l'aimer, més le commandement que vous m'en faicte est plus fort que toutes choses (2). C'est la plus serviable enfant qui se puisse voir, car il la faut tancer pour l'empêcher de me servir. Riparfon (3) en est très soigneuse et puis l'honneur que je luy faicte de lui recommander luy ocmentera si se peut. »

Le 27 mai 1621, Flandrine de Nassau supplia le Pape de

(1) Philippe de la Trémouille, marquis de Royan, comte des Olonnes, baron d'Apremont, de Commequiers et de Presle, grand sénéchal du Poitou, capitaine du château de Poitiers, marié à Madeleine de Champrout. Une de ses filles, Catherine-Marie-Madeleine, prit le voile à Sainte-Croix, le 26 septembre 1635. Arch. Vienne, Sainte-Croix II. 5.

(2) Marchegay. *Arch. hist. du Poitou*, t. I, p. 233.

(3) Jeanne Gabrieau de Riparfon.

vouloir bien lui donner comme coadjutrice et future « successoresse », Catherine de la Trémouille, religieuse professe. La réponse du Souverain Pontife se fit attendre, car l'évêque de Poitiers, Chasteignier de la Roche-Posay, ne consentit à s'occuper de l'enquête concernant la vie et les mœurs de la future coadjutrice, que le 5 mars 1627 (1). En revanche le roi Louis XIII, mit plus d'empressement à signer cette nomination, qui se fit le 15 janvier 1622.

Les habitants des Sables durent, à plusieurs reprises, demander à Flandrine de Nassau de vouloir bien fonder dans leur ville un monastère de son ordre. L'acte autorisant cette fondation, donné par l'évêque de Luçon, nous le fait savoir d'une façon absolument explicite : « Les religieuses de Sainte-Croix nous exposent, dit-il, avoir esté à diverses fois requises et recherchées, tant par les principaux habitans des Sables d'Olonne qu'aultres personnes quallifiées de lieux circumvoisins, de l'establissement et fondation d'ung prieuré et monastère de leur regle aud. lieu des Sables (2). A quoy elles ne se seroient des commencement portées, ny voyant le temps propice, ny les affaires disposées, non plus que ung fond suffisant pour en porter les charges, lequel s'estant depuis rencontré, les mêmes prières réitérées, auroyent jugé ne debvoir refuser plus long temps le consentement par eux désiré en l'establissement dud. prieuré. »

L'Abbesse de Sainte-Croix prit sans doute cette décision, pour des motifs fort sérieux, mais la demande des Sablais n'y entra, croyons-nous, que pour une assez minime part.

(1) Arch. Vienne, Sainte-Croix H. 3. — L'évêque de Poitiers et l'Abbesse de Sainte-Croix étaient, comme nous verrons, fort divisés d'opinion au sujet des Jésuites. Aussi le premier ne cherchait point à être agréable à l'autre.

(2) Pièce justificative n° 2.

Le chanoine Claude Allard, dans le livre qu'il consacre à la vie de Flandrine de Nassau (1), ne nous laisse point ignorer les troubles qui régnaient au monastère au sujet de l'inimitié survenue à cette époque entre Henri-Louis Chasteigner de la Roche-Posay, évêque de Poitiers, et les Pères Jésuites (2). Les religieuses étaient divisées entre elles, mais comme leur abbesse était fort affectionnée à ces derniers, les prédicateurs et les confesseurs qui leur faisaient la guerre durent quitter la maison. « Pour cette cause, ajoute Allard, à dessein de rencontrer la paix, elle fonda aux Sables d'Olonne le Prieuré dont nous parlerons cy-après, afin de purger par ce moyen la maison de Sainte-Croix des esprits qui y portoient la guerre, la pieuse Abbesse redisant depuis, plusieurs fois : Je scay que je me ruine, mais au moins nous avons un peu plus la paix. »

Grâce à cette inimitié dont nous venons de parler, la vie monastique devenait de plus en plus difficile par le fait que les nonnes elles-mêmes prenaient parti dans l'un et l'autre des deux camps. Pourtant, avant de fonder le Prieuré des Sables pour y envoyer celles qui ne partageaient point ses idées, l'Abbesse dut consulter son conseil, comme nous l'indique un acte de 1640, dans lequel il est dit que cette fondation eut lieu par le bon conseil de Catherine de la Trémouille, des Prieures et des religieuses de Sainte-Croix (1). Denesde, cousin d'Anne Texier, qui fut au nombre des

(1) Allard (Claude), *le Miroir des âmes religieuses ou la vie de très-illustre et très-religieuse princesse Mme Charlotte-Flandrine de Nassau* (Poitiers, 1653).

(2) Cf. Delfour, *les Jésuites à Poitiers*, pp. 36-63-82-87 (1907). — R. P. P. de Monsabert, *Journal des Abbesses de Sainte-Croix* (Revue Mabillon, nº 18, p. 159). — L'abbé de Saint-Cyran avait été vicaire général du diocèse avant de faire connaître à Paris ses idées jansénistes.

(3) Pièce justificative nº 3.

sœurs envoyées aux Sables, nous dit dans son journal que le couvent avait été fondé « à la prière de lad. de la Trémouille en bourg des Sables (1) ». Il semble donc résulter de tous ces faits que si le nouvel établissement était fort désiré et réclamé par les Sablais avec l'appui de la coadjutrice, leur compatriote, ils durent surtout aux dissensions qui régnaient à Poitiers de voir arriver le jour où leurs vœux allaient se réaliser.

Le 19 novembre 1631, Flandrine de Nassau donne procuration à sa nièce, d'établir un Prieuré aux Sables d'Olonne aux conditions suivantes : 1° il sera entièrement dépendant de l'Abbaye de Sainte-Croix de Poitiers; 2° l'Abbesse et son conseil nommeront les prieures chaque fois que la charge en deviendra vacante; 3° celle-ci sera désignée de trois en trois ans ou de six en six ans, selon qu'il plaira aux religieuses du Prieuré; 4° l'Abbesse aura le droit d'envoyer aux Sables et, vice-versa, d'appeler à Poitiers, telles de ses sœurs qu'elle voudra avec des pensions ou commodités temporelles équivalentes; 6° son nom paraîtra en tête dans tous les actes de profession (2). Sous ces conditions, le nouvel établissement pourra recevoir des religieuses de chœur ou des sœurs converses en tel nombre qu'il plaira à celles qui l'occuperont.

(1) *Arch. hist. du Poitou*, t. XV. Une cause d'ordre secondaire aida probablement Flandrine de Nassau à prendre cette décision. Ce fut la proximité de la mer, dont le voisinage était fort recherché des personnes délicates. De plus, la possibilité de fuir la peste, souvent terrible, comme celle de 1631, à Poitiers. Les religieux et religieuses obtenaient facilement la permission d'aller, dans des cas semblables, séjourner dans un autre couvent de leur ordre.

(2) Pièce justificative n° 1. Ce document, copié par nous sur la minute du notaire Pommeraye a été publié par Marchegay, d'après une copie de dom Etiennot. (*Soc. ém. de la Vendée, 1868.*) Dom Fonteneau l'a également reproduit, après l'avoir pris à la même source. (Dom Fonteneau, t. LVI, f° 85.) Il en existe une copie en assez mauvais état aux Archives de la Vienne (Sainte-Croix, H. 95).

Pour donner à cet acte toute sa valeur il fallait le consentement de l'évêque de Luçon, Emery de Bragelogne (1). Il fut accordé le 23 janvier 1632 avec les réserves suivantes : 1° les postulantes ou religieuses de Poitiers qui voudront y entrer devront posséder une pension suffisante pour assurer leur nourriture ; 2° sa juridiction sur elles sera la même que celle de son collègue de Poitiers sur l'Abbaye de Sainte-Croix ; 3° les Prieures mises en charge devront être acceptées par lui sur la proposition de l'Abbesse de Poitiers.

Une fois en possession de cet acte, Catherine de Nassau qui, dans la circonstance, veut avoir le dernier mot « l'approuve, rattifie et emologue en tous ces points et articles et a consenty et consent qu'il soit proceddé par tres illustre Catherine de la Tremouille, sa coadjutrice, a l'establissement dud. couvent, soubz les conditions portées par led. acte (2) promettant comme aultrefois, avoir pour agréable ce qui sera fait et arresté par lad. dame coadjutrice en conséquence d'icelluy ».

Le 31 mai 1632, nous trouvons Catherine de la Trémouille aux Sables, où elle installe, pour loger les religieuses venues de Poitiers, la maison de Guillaume Rogier, éc., s[r] de Rocreux, gentilhomme ordinaire de la chambre, qui la tenait de sa femme Marie Bouhier (3). Louée à une demoiselle de Boislibault (4), à la fin du bail, son propriétaire l'affer-

(1) Pièce justificative n° 2. — Emery de Bragelogne, chanoine de Tours, nommé le 24 juin 1624 évêque de Luçon. Il démissionna en 1637, pour se retirer au couvent de Moreilles.

(2) Arch. Vienne. — Sainte-Croix, H. 95.

(3) Marie Bouhier l'avait eu en héritage de son père René Bouhier, ec., s[r] de l'Isle-Bretin (Arch. Vendée, H. 108).

(4) Probablement femme de Lucas de Boislibault (Reg. paroissial des Sables d'Olonne).

ma pour le même prix aux Bénédictines. Elle était située dans le quartier appelé « le Coursolt ». Selon l'acte de ferme, sa position exacte aurait été entre les rues des Vanniers et de la Poissonnerie. C'est ce qui semble en résulter, quand on examine le plan des Sables de 1762 (1), car toutes les deux viennent aboutir à l'ancienne place du Courseau, appelée depuis la Barre.

Lors de sa prise de possession, Catherine de la Trémouille constate que « le susd. logis est fort mal accomodé (2) ». Dans ces conditions, « il est nécessaire de le réparer et pour sa commodité et celle de sa compagnie, il conviendrait faire faire des changements, pour le bien et desfence de leur profession, affin de se servir d'iceux selon leur ordre, en attendant le bastiment du couvent et monastère qu'elles esperaient faire édiffier en ce lieu et pour empescher lesd. siéurs et dames de Rocreux, n'ayant subject de plainte du changement qui y sera aporté et pour que les réparations soient acceptées de toutes les parties, en dresser un acte ».

Nous ne suivrons pas la coadjutrice de Flandrine de Nassau au cours de cette visite. Elle prend note de l'état des lieux, puis indique d'une façon fort minutieuse les changements qu'il sera nécessaire d'y apporter. Son dévolu se jette spécialement sur la salle du bas, « espérant, dit-elle, d'y faire construire un hostel pour y cellébrer la messe et servir de chappelle ». Ses soins se portent également sur la clôture parfaite de l'établissement, comme l'exige la règle de son ordre. Les réparations et modifications appor-

(1) Renolleau (abbé), *les Prisons des Sables d'Olonne* (La Roche-sur-Yon, 1902.)

(2) Arch. Vendée, H. 108.

tées au logis de Guillaume Rogier devaient être terminées le 16 août 1632, car à cette date l'Abbesse, venue aux Sables sans doute exprès pour le visiter (1), y séjourne pendant quelque temps.

Tout en installant d'une façon provisoire le nouveau Prieuré, Catherine de la Trémouille ne perd pas de vue le but principal qu'elle poursuit, c'est-à-dire l'édification d'un Prieuré vraiment digne de Sainte-Croix. La plus grande partie du terrain sur lequel sera élevé le nouvel édifice est d'abord donnée aux religieuses par son frère Philippe de la Trémouille (2). D'autres moins importants viennent s'y ajouter. Le 25 mars 1632, elle achète de Nicolas de Tanjour et de Perrine Teste, sa femme, trois boicelées de terre pour 180 l. Le 2 juillet suivant, Vincent Girard et Jean David lui cèdent « la moitié des droits et emplacements auxd. vendeurs appartenans, couverts de sable, assis près des grandes portes et entrée principalle des remparts dud. lieu des Sables » (3), avec, de plus, des terrains joignant aux Capucins dont ils ne sont séparés que par une tonnelle. Enfin, le 3 août de la même année, Flandrine de Nassau achète à son tour 3 « cartellées » de terre labourable appartenant à Pierre Suyre, tailleur d'habits, pour la somme de 37 l. 18 s. En dehors de l'achat d'une vigne près de l'enclos des pères Capucins, fait par la Prieure

(1) Arch. Vendée, H. 108.

(2) Nous devons adresser le respectueux hommage de nos remerciements à Madame la supérieure du couvent de Sainte-Croix de Poitiers, qui a bien voulu mettre à notre disposition les Archives de sa communauté concernant l'ancien prieuré des Sables. Nous remercions également bien sincèrement le R. P. dom de Monsabert d'avoir pris la peine de relever et de nous communiquer les notes recueillies par lui dans ces documents dont la date peut être placée dans la seconde moitié du XVIIIe siècle.

(3) Arch. Vendée, H. 108. — Cette entrée portait le nom de porte de Talmont, qui fut plus tard remplacé par celui de porte de Sainte-Croix.

Madeleine de Lamiré, c'est là tout le terrain sur lequel va s'élever le nouveau couvent.

La construction entreprise par Flandrine de Nassau fut assez longue à cause des difficultés qu'il y avait à se procurer les matériaux nécessaires pour la mener à bonne fin. Il est vrai que son frère Henri de Nassau vint dans la circonstance quelque peu à son aide. C'est ce que déclareront plus tard les religieuses des Sables dans leur acte de soumission, de 1640. Après avoir constaté une dépense de 30.000 l. faite par l'abbesse, elles ont soin d'ajouter « sans y comprendre la charpente dud. bâtiment, que nous reconnaissons notre très chere dame abbesse et supérieure avoir esté en vostre seule faveur prière et requeste, donnée au Prieuré, par présent de vostre très cher et bien aimé frère le comte Henri de Nassau, prince d'Orange, qui a fait venir led. bois de charpente du pays de Dannemarck et icelluy faict conduire et descharger jusqu'aud. Prieuré, le tout à ses propres cousts et despens et sans qu'il ait voullu permettre qu'il en couste aultre chose (1) ». Les travaux durèrent huit ans sous la surveillance à peu près constante de Catherine de la Trémouille, qui, pour la circonstance (2), ne quitta point les Sables, tout au moins pendant un long espace de temps.

Le chanoine Claude Allard nous donne le total des som-

(1) Arch. Vienne, Sainte-Croix, H. 95, et Arch. couvent de Sainte-Croix. Le 8 mai 1638, Henri de Nassau augmenta les rentes qu'il devait à ses sœurs, issues du mariage de son père avec Charlotte de Bourbon, mais sa générosité n'alla point jusqu'à mettre Flandrine au même rang que les autres. Peut-être considéra-t-il que les cadeaux qu'il lui envoyait devaient suffire à la contenter. (*Arch. hist. du Poitou*, t. I, p. 205.)

(2) D'après un historique de la fondation du Prieuré (Arch. du couvent de Sainte-Croix). Sa présence ne nous paraît pas y avoir été constante, car nous la trouvons à Poitiers, le 9 octobre 1632 (Min. Pommeraye). En mars et avril 1635, puis en 1636 (Arch. Vienne, Sainte-Croix, H. 5).

mes que dut payer Flandrine de Nassau pour son nouvel établissement (1). « Le couvent de Sainte-Croix, dit-il, serait sorty de ses mains entièrement d'or et de marbre, cessant que le bastiment d'un Prieuré qu'elle a fait construire aux Sables d'Olonne pendant qu'elle a vécu, a bien souvent épuisé sa bourse ; l'édifice ayant cousté plus de cinquante mille écus, qu'elle a tirés de son épargne et des bienfaits de ses parents, sans que les effets de sa charité, l'abondance de sa maison, l'entretien des Religieuses, les pauvres, les sains et les malades se soient sentis de cette excessive dépense. »

Aussitôt terminé, vers la fin de 1639 ou au début de 1640, les religieuses en prennent possession. Seulement, cette prise de possession n'a lieu que moyennant un acte de soumission adressé à l'Abbesse de Sainte-Croix de Poitiers (2). Elles la reconnaissent comme fondatrice et bienfaitrice de leur couvent. Le choix des supérieures sera soumis à son approbation et son nom paraîtra en tête de tous les actes de profession religieuse. En un mot, le Prieuré restera sous son entière dépendance. En terminant, elles la supplient de vouloir bien leur faire don d'une somme de 30.000 l. déboursée pour leur établissement aux Sables. En réalité, cette somme, qui se montait à 57.793 l., avait été employée en partie à la constitution de dots pour des jeunes filles pauvres appartenant à des familles honorables et pour les besoins de la communauté naissante (3). Nous ignorons si la maison-

(1) Claude Allard, *loc. cit.*

(2) Pièce justificative n° 3.

(3) Catherine de la Trémouille arriva à Poitiers le 27 avril suivant. « Elle avait quitté cette ville quelque temps avant la maladie de feue Madame pour aller visiter le Prieuré que lad. défuncte avait estably à la prière de lad de la Tremouille en bourg des Sables » (Journal de Denesde, *Arch. hist. du Poitou*, t. XV).

mère de Poitiers leur accorda la remise de ce qu'elles demandaient. Mais nous avons tout lieu de le croire.

L'acte dont nous venons de parler dut être remis entre les mains de Catherine de la Trémouille à son départ des Sables, au début de 1640. Elle ne put le donner à sa tante, dont la mort, arrivée le 15 avril 1640, lui fut annoncée lors de son passage à Fontevrault. Le contre-coup de cette perte se fit malheureusement sentir pour le nouvel établissement, si nous en croyons le journal des Abbesses de Sainte-Croix de Poitiers (1). On y lit, en effet, ces quelques lignes : « Peu d'années avant que notre sainte Abbesse, Madame de Nassau, princesse d'Orange, mourût, elle fit bâtir le couvent des Sables d'Olonne. La mort trop précipitée ne lui laissa pas voir son ouvrage parfait. Plu-

(1) Dom de Monsabert, *Revue Mabillon*, nº 18, p. 167. Le chanoine du Tressay raconte dans la *Vie de Mgr Boyer* (p. 164) qu'une tradition populaire conservée aux Sables « rapporte que des navires hollandais chargés de bois de construction pour le monastère étaient en rade et qu'ils allaient débarquer lorsqu'on apprit la mort de la princesse et qu'aussitôt ils s'en retournèrent ». Il ajoute, de plus, que, grâce à ce fâcheux contre-temps, l'œuvre de Flandrine de Nassau resta inachevée, car la moitié des cloîtres manquaient encore à la Révolution. Que la tradition du bois de charpente envoyé des pays du Nord se soit conservée, la chose n'a rien d'étonnant, car elle a pu l'être par les familles Sablaises dont les filles peuplèrent le couvent tant qu'il dura. Quant à ceux envoyés là en dernier lieu, c'est une affirmation qui ne repose sur aucune base. De même il est difficile d'avancer, comme fait cet historien sans preuves certaines, que le nouvel établissement resta inachevé. Si un Prieuré doit avoir au centre une cour entourée de cloîtres sur toutes ses faces, pour être considéré comme terminé, il est certain que ceux du XVIIe siècle furent rarement dans ce cas, du moins en Poitou. Le monastère de la Visitation, à Poitiers, aurait pu à peu près répondre à un tel plan. Les autres n'ont qu'un seul, deux ou trois corps de bâtiments, mais jamais quatre. De plus, leurs ailes sont ou perpendiculaires ou parallèles au centre. C'est ce dernier cas qui se présente aux Sables avec un cloître très réduit, car il est indispensable pour y célébrer certaines cérémonies rituelles. On ne peut donc affirmer en principe, du moins pour le moment, qu'il resta en partie inachevé. Le nombre des religieuses, toujours restreint dans un simple Prieuré, ne permettait point de faire des constructions trop grandioses pour les loger.

sieurs navires prest a débarquer qui aportoient des richesses immenses pour le nouvel établissement de la pieuse princesse, aprenant trop tôt sa mort, retournerent d'où ils étoient venus et remporterent ce qu'ils avoient aporté. »

Le Prieuré de Sainte-Croix des Sables se trouve à cette époque sur le territoire de la paroisse du Château d'Olonne. Situé près de la porte de Talmont, ses bâtiments sont parallèles aux murailles de la ville et orientés du Nord au Sud. Ils se composent de trois corps, dont le principal, celui du milieu, long de 50 mètres environ, est en retrait sur sa face Est de 2 mètres sur les autres (1). Du côté Ouest se trouve un cloître, bordant l'ancien cimetière. Ses arcades, au nombre de huit, sont distantes les unes des autres de 2 m. 70. Elles ne portent aucun ornement et n'offrent aucun caractère artistique.

La première des ailes, celle de gauche, située près de la route de Talmont, du côté de la mer, forme, à son extrémité Sud, un petit retrait de 1 m. 80, qui n'existe pas sur la façade de l'Ouest. Sa longueur totale est de 21 m. 80, dont 3 m. 80 pour la partie en retrait.

La seconde aile, celle du Nord, a aussi à son extrémité un retrait de 1 m. 50. Sa largeur sur toute sa façade est de 21 m. 50. La profondeur de tout l'édifice est d'environ 7 m. 50. Les murs ont une épaisseur qui varie entre 0 m. 50 et 0 m. 70.

Le rez-de-chaussée du corps principal possède 12 fenêtres plus deux portes situées à ses extrémités. Ces fenêtres ont de 1 m. à 1 m. 30 de large et ne sont nullement symétriques. Les deux ailes en ont chacune quatre, de 1 m. 30, avec une porte.

(1) Planche n° 1.

Cliché de Lucien Amiaud

LE PRIEURÉ DES BÉNÉDICTINES DES SABLES D'OLONNE

(Petit Séminaire 1820-1907)

Au premier étage, il existe dans la partie centrale 16 fenêtres fort étroites et peu élevées et cinq grandes sur les deux ailes. Toute la construction est surmontée d'un toit très élevé avec 5 ouvertures sur le corps principal, 3 sur chacun des autres. En résumé, cet énorme bâtiment est conforme à tous ceux qui ont été édifiés pour les monastères du XVIIe siècle, tels qu'on les retrouve encore, notamment à Poitiers. Aucun motif décoratif ne vient l'orner et lui donner un agréable aspect. Les murs de la partie centrale surtout sont d'une solidité douteuse et semblent supporter avec peine la lourde charpente qui les surmonte. Ajoutons en terminant qu'il y avait jadis une chapelle intérieure et une église (1). Cette dernière ouvrait à la fois sur le cloître et sur la cour extérieure, afin de permettre aux habitants de la ville d'assister aux offices. Bien entendu, le chœur était séparé de la nef par une grille selon l'usage des communautés cloîtrées. En résumé, cette énorme et massive construction ne nous offre pas le moindre caractère artistique et n'a rien de particulièrement original.

(1) Le plan de l'ancien couvent de Sainte-Croix n'a jamais été fait, nous a-t-on dit à la mairie des Sables. Une semblable négligence se rencontre dans la plupart des villes qui possèdent d'anciens monuments. Quant aux mesures prises par nous, très hâtivement, leur précision ne saurait être considérée comme mathématiquement absolue.

CHAPITRE II

Organisation intérieure du Prieuré

Aussitôt installé, le nouvel établissement recruta facilement son personnel dans les familles des Sables et des environs. Nous avons vu, du reste, que les bienfaits de Flandrine de Nassau aidèrent, dans une certaine mesure, à favoriser ce recrutement. En 1640, on y compte 21 religieuses, puis 23, deux ans plus tard (1). Le savant Bénédictin, dom Claude Etiennot de la Serre, qui le visita en 1675, put constater qu'il en contenait une trentaine (2). Cette prospérité semble s'être maintenue jusque vers 1720, pour décroître graduellement grâce à certaines circonstances dont nous parlerons plus loin.

Les parents des jeunes filles, en les confiant au monastère, sont tenus de leur donner une somme d'argent ou des revenus suffisants pour subvenir aux besoins qu'elles pourront avoir, une fois admises comme religieuses de chœur. L'acte notarié qui contient de tels engagements est souvent signé par les parents et les amis de la famille, suivant la coutume usitée quand il s'agit de mariage. On spécifie, au XVIIIe siècle, que la postulante sera admise sous le bon plaisir de l'abbesse de Sainte-Croix et qu'elle pourra rési-

(1) Arch. Vienne, Sainte-Croix, H. 3.

(2) Dom Fonteneau, t. LVI, f° 90. Voici ce que dit Dom Etiennot : « Hoc anno 1675, quo scribo, in dicto Parthenone, 30 vel circiter virgines aptant lampades, venturumque sponsum expectant. »

der aux Sables ou à Poitiers. En revanche, sa nourriture et son entretien lui seront assurés, dans l'un ou l'autre de ces deux endroits, jusqu'à la fin de ses jours.

Les novices sont tenues, soit à leur entrée, soit un an plus tard, de verser une somme de 100 à 200 l. pour leur noviciat. Celui-ci terminé, le couvent exige en plus 1.000 à à 1.200 l. afin de couvrir les frais de la prise d'habit. Quant à la rente annuelle qui doit servir à payer la nourriture et l'entretien de la nouvelle religieuse, elle varie de 125 à 500 l. La plus grande partie de ces rentes oscille entre 150 et 250 l., soit en moyenne 200 l.

Si la nouvelle religieuse n'a pas de fortune personnelle, les revenus qu'il lui faut apporter sont hypothéqués sur les biens de ses parents. Ceux-ci, une fois morts, leurs héritiers refusent à l'occasion de les payer, surtout quand ils sont dans le besoin. De là, des contestations suivies parfois de procès interminables.

Les Supérieures préfèrent de beaucoup recevoir en argent les dots des novices, mais il est assez rare qu'elles puissent l'obtenir. Quand le cas se présente, il est bien spécifié, à partir du XVIIIe siècle, que la somme à verser ne sera pas en billets de banque, car la Communauté a de bonnes raisons pour les regarder avec méfiance.

La famille fait parfois des réserves au sujet du mobilier qu'elle doit fournir. Si la novice quitte le couvent sans prononcer ses vœux, on le lui remet à son départ. Certaines d'entre elles doivent au contraire l'abandonner au couvent. En résumé, les conditions imposées pour l'entrée en religion ne restent nullement uniformes. Elles sont, sans aucun doute, discutées entre la Prieure et les parents, ce qui permet de les modifier au gré des parties contractantes.

Les cellules des nonnes sont garnies bien simplement et ne contiennent guère que les meubles et le linge strictement nécessaires à leur usage. Bien souvent, au bout d'un certain temps, ils finissent par s'user, mais c'est le couvent qui doit les remplacer. Le 15 mai 1645, Elisabeth Boisson entre au Prieuré dans le but d'abjurer d'abord le protestantisme, puis de prendre l'habit de novice (1). D'après son contrat de religion, elle recevra une pension viagère de 200 l. et sera tenue de verser 500 l. en entrant, puis pareille somme le jour de sa profession, pour l'achat de ses habits, la garniture d'une chambre et l'ornement de sa personne « tout ainsi que les autres religieuses professes dud. couvent ». Elle apportera de plus « ung chaslit avecq deux garnitures, l'une de sarge de coulleur, l'autre de thoille blanche, une paillasse, ung mathelas, ung travers de lict de plume, une couverte, six linceulx, deux nappes, deux douzaines de serviettes, ung coffre et une boueste, deux petites chezes, trois cuillères d'argent et dix-huit chemises ». Rien dans un tel mobilier ne paraît luxueux et la cellule de la Bénédictine ne devait ressembler que de fort loin à la chambre d'une mondaine du XVIIe siècle.

La prise du voile n'a lieu qu'au bout de l'année qui suit l'entrée au noviciat. La postulante est examinée par toute la communauté qui décide s'il y a lieu de l'admettre à prononcer ses vœux. Une fois admise, ses parents s'entendent avec les religieuses pour en désigner le jour et choisir le prédicateur. Toutefois, l'évêque de Luçon doit être informé du choix de ce dernier : en dehors de cette simple formalité, ni lui ni l'Abbesse de Sainte-Croix de Poitiers n'ont à intervenir à l'occasion de cette cérémonie.

(1) Arch. Vendée, H. 103.

La hiérarchie monastique au Prieuré des Sables d'Olonne comprend : 1° la prieure ; 2° la sous-prieure ; 3° la dépositaire ; 4° la boursière ; 5° la portière ; 6° la maîtresse des novices ; 7° la célerière ; 8° la tourière ; 9e la maîtresse des pensionnaires ; 10° l'infirmière ; 11° l'office de chantre ; 12° la sacristine ; 13° la grenetière ; 14° la chambrière ; 15° la jardinière. Nous trouvons en plus : une sous-dépositaire, une seconde infirmière, une seconde portière, une sous-chantre et une seconde maîtresse du pensionnat, enfin, une boisière chargée sans doute de la distribution du bois de chauffage. En réalité, d'après les actes qu'il nous a été donné de voir, surtout ceux du XVIIIe siècle, toutes les religieuses possèdent un, et à l'occasion deux ou trois offices.

En dehors des nonnes envoyées de Poitiers au début de la fondation du Prieuré, toutes les autres appartiennent à des familles des Sables ou des environs (1). Quelques-unes en fournissent un certain nombre. On y rencontre deux ou trois sœurs et souvent des nièces avec leurs tantes. Il est aussi à remarquer que des jeunes filles orphelines avec peu de fortune et maigrement dotées viennent également y prendre le voile.

Selon l'acte de fondation, la Prieure doit être désignée par le Chapitre pour trois ou six ans et même davantage. Cette nomination est soumise tout d'abord à l'approbation de l'Abbesse de Poitiers. Celle-ci remplit alors la formule suivante qui doit être écrite sur papier timbré :

« Nous... par permission divine, humble Abbesse de l'Abbaye royale de Sainte-Croix de Poitiers et de notre couvent des Sables d'Olonne, après avoir demandé à Dieu ses

(1) Olonne, Apremont, la Mothe-Achard, Beaulieu, Noirmoutier, etc., etc.

lumières pour faire le choix et élection d'une prieure de notre dit couvent des Sables d'Olonne nous avons jugé à propos de nommer notre chère et bien aimée fille sœur... sur la connaissance que nous avons de sa vertu et de sa bonne conduite, du soin qu'elle aura de faire observer la règle et de son attachement et soumission à suivre nos ordres (1). Sur ce fondement, après le temps expiré de notre chère et bien-aimée fille sœur..... et lui commandons d'agir toujours selon Dieu, ce que nous espérons. Sur quoy lui donnons commission de se choisir des officieres auxquelles nous voulons et enjoignons, ensemble à toutes les religieuses de notre dite Communauté des Sables, de lui obéir et de la reconnaître pour leur Prieure et lui rendre ce qui lui est dû à peine de désobéissance. Fait à... le... »

Cette formule reste à peu près la même quand il s'agit de confirmer une Prieure déjà en exercice.

L'acte de nomination est adressé à la nouvelle Supérieure, en même temps qu'une lettre destinée à l'évêque de Luçon pour le prier de l'approuver. Parfois elle insiste sur ses présentations, quand l'intérêt de la communauté l'exige (2). Ainsi, en 1767, Marie-Anne d'Escars, abbesse de

(1) Arch. Monastère de Sainte-Croix.

(2) Les documents nous ont manqué pour dresser une liste complète des Prieures de Sainte-Croix des Sables. Voici les noms qu'il nous a été donné de rencontrer.

1632-1641 Lamiré (Madeleine de).
1641 Brilhac (Catherine de), de Nouzières.
1647 Dubouchet (Jeanne).
1647-1663 Chasteigner (Françoise).
1664 Pommeraye (Isabeau).
1684 Roy (Anne-Hilaire).
1687 Guarin (Madeleine).
1688 Dubouchet (Renée).
1720 Thevenin (Marguerite), de Salidieu.
1767-1773 Dumont (Jeanne).
1773-1789 Robert (Jeanne) de la Salle des Villates.

Sainte-Croix, l'engage à bien vouloir accepter la sœur Jeanne Dumont sous prétexte que son gouvernement sera paisible et à écarter la candidature de la sœur Robert de la Proustière. Elle a plusieurs bonnes raisons pour lui faire cette recommandation, tout en ne reprochant rien à cette dernière qui, du reste, n'a guère le désir d'être mise à la tête du Prieuré.

Les autres offices étaient au choix de la Prieure. Bien des compétitions s'élevaient donnant lieu à bien des intrigues pour les obtenir, car la faveur y jouait un certain rôle. C'est un des reproches que l'on adressa, en 1642, à Catherine de Brilhac. Les petites discussions de ce genre, en dehors de celles dont nous allons parler, n'ont point eu d'écho en dehors des murs du monastère qui semble avoir été heureux et prospère jusqu'au commencement du XVIIIe siècle. A cette époque, sauf quelques achats de terrains et quelques placements d'argent, signes de sa prospérité croissante, on peut dire que, comme les peuples heureux, il n'a point eu d'histoire.

CHAPITRE III

Une révolte de nonnains.

Flandrine de Nassau, dans le but d'obtenir la paix à Sainte-Croix, comme nous avons vu, n'avait cru mieux faire que d'envoyer aux Sables celles de ses religieuses qui mettaient le trouble au couvent. Le déplacement de ces nonnes n'en changea pas le caractère frondeur. Les jeunes filles du pays qui vinrent se joindre à elles ne furent point non plus capables de le calmer. Les Sablaises sont intelligentes, d'un esprit très vif et très enjoué, mais aussi fort indépendant. Elles semblent, en conséquence, peu capables de se plier à la sévère discipline du cloître. Aussi ne faut-il pas s'étonner de voir Catherine de la Trémouille apporter à Poitiers cet acte de soumission qu'elles lui signèrent dans la crainte, sans doute, d'avoir à payer la grosse somme avancée par Flandrine de Nassau.

Le résultat que l'Abbesse de Sainte-Croix en attendait fut de courte durée, car, dès l'année 1641, il fallut changer la Prieure Madeleine de Lamiré, dont la fermeté était insuffisante pour maintenir l'ordre. Catherine de Brilhac, qui lui succéda, obtint plus de succès, mais une malencontreuse maladie dont le couvent fut affligé vint bientôt après tout désorganiser. Au cours de cette maladie, la discipline se relâcha et les religieuses prirent de mauvaises habitudes qu'elles ne voulurent plus abandonner. Il devint nécessaire d'avoir recours à Catherine de la Trémouille, qui ne trouva rien de mieux que de rappeler cinq des mutines à Poitiers. Comme celles-ci ne consentaient point à quitter les Sables, l'intervention de l'évêque de Luçon, Pierre de Nivelle (1), devint alors indispensable. Il nomma une commission composée de trois membres, qui se transporta au couvent pour y faire une enquête, le 6 septembre 1642.

Cette enquête, fort intéressante, a lieu sous la présidence de Jean Dubois, prêtre, docteur en théologie de la Faculté de Paris, chanoine de la cathédrale de Luçon. Il est accompagné d'Aimé Dupleix, bachelier en théologie de la Faculté de Paris, curé des Sables, directeur et confesseur du monastère ordre de Saint-Benoît (2). Avec eux, se trouve François Grollier, prêtre, curé de Saint-Martin de l'Ile-d'Olonne, notaire apostolique et secrétaire commis par l'évêque pour la visite du couvent et Prieuré.

Les enquêteurs sont reçus à la porte d'entrée du cloître, par toutes les religieuses, avec la croix et l'eau bénite. On les conduit dans le chœur de l'église en chantant le *Te Deum laudamus* et le *Veni Creator*. De là, ils vont à la chapelle, où, après une courte exhortation, lecture est donnée des pouvoirs accordés par l'Evêque dans le but d'examiner ce qui se passe au Prieuré et d'interroger les religieuses.

Tout d'abord, c'est Catherine de Brilhac qui, la première, raconte les actes d'indiscipline qu'elle reproche à quelques-unes de ses sœurs. Après son arrivée, tout alla bien, mais

(1) Pierre de Nivelle, originaire de Troyes, entra dans l'ordre de Citeaux, dont il devint Supérieur général en 1625. Nommé évêque de Luçon, il fut sacré à Paris, dans l'église Saint-Bernard, en 1660. Du Tressay (abbé), *Histoire des Moines et des Evêques de Luçon*, t. II. Paris, 1869.

(2) Arch. Vienne, Sainte-Croix, H. 95. Le curé Dupleix ou Duplex était originaire de Châtellerault (B. Filleau).

une maladie étant survenue, l'ordre se relâcha, d'abord dans les petites choses, puis ensuite d'une façon générale. Le silence ne fut plus observé par les nonnes qui couchaient plusieurs ensemble dans le même dortoir. Elles ne se retiraient pas à l'heure réglementaire et passaient beaucoup de temps à causer. Aussi, le lendemain, on les voyait se lever tard et arriver les unes après les autres à l'office. Pour éviter un tel désordre, il serait nécessaire de les obliger à laisser sur la porte les clefs de leurs cellules. De cette façon, la Prieure aurait la possibilité de voir si elles se retirent à l'heure prescrite et se couchent avec toute la modestie voulue.

En ce qui concerne le parloir, il serait utile de le séparer du tour et de le fermer à clef pour que les tourières perdent l'habitude d'y entrer sans permission. Il faudrait changer celle qui en remplit les fonctions, la sœur Elisabeth Pommeraye, personne sans doute trop loquace, et la remplacer par Charlotte Chasteigner. Ne pas laisser aller les sœurs au parloir sans permission et sans la présence d'une « sœur escoute ». De plus, le tenir fermé, les dimanches et fêtes, aux personnes de la ville et ne point autoriser, les autres jours, des entretiens de plus d'une heure. Enfin, ne laisser partir aucune lettre sans qu'elle soit scellée et cachetée du sceau de la communauté.

A ces plaintes, qui concernent spécialement la discipline ordinaire de la maison, la supérieure en ajoute une autre d'un caractère tout particulier. Cette dernière est une de celles qui constituent le fond principal de toute l'affaire. Elle consiste dans une narration de « l'émeute et sédition » arrivées la nuit précédente à l'instigation de quelques religieuses. La cause en remonterait à trois mois.

Plusieurs nonnes ayant eu soin de faire savoir au meunier, au boulanger, et à d'autres fournisseurs que la maison était ruinée, ceux-ci refusèrent d'apporter le pain et la farine nécessaires pour le dîner. Alors, celles qui avaient monté cette intrigue en profitèrent pour écrire à Catherine de la Trémouille, en la priant de vouloir bien les renvoyer dans leurs familles. Certaines poussèrent même l'audace jusqu'à solliciter du pape un bref dans le but de soustraire le couvent à l'autorité de Sainte-Croix de Poitiers.

L'Abbesse, avertie de ce qui venait de se passer, s'empressa d'envoyer, le 9 août 1642, des lettres d'obédience à Michelle Thoumazeau, Constance Martineau, Catherine Vidard, Elisabeth Thomas et à Marie Lemaye, dont quatre d'origine Sablaise et une de Poitiers. Par ces lettres, il leur fut enjoint de revenir à la maison-mère en compagnie de Simon Ruchaud, receveur de l'abbaye, et de dame Catherine Marsoulard. Un carrosse, envoyé spécialement par elle, devait leur permettre de faire le voyage sans de trop grandes fatigues.

Deux seulement se décidèrent à partir, Michelle Thoumazeau et Marie Lemaye. Les autres refusèrent, en disant qu'étant innocentes « elles ne veullent aller dans lad. abbaye et qu'on les menace qu'elles seront mal traitées ». Au reste, comme la règle est la même dans les deux endroits, un tel changement n'a pas sa raison d'être.

La Prieure ayant été entendue, surviennent les parents des bénédictines révoltées qui prétendent, en cette qualité, avoir part au débat (1). Tout d'abord, ils se déclarent prêts

(1) Ce sont : Denis Martineau, procureur du roi en l'élection des Sables; Antoine Guilbaud, s[r] de Gouynière ; Marie Guillochon, v[e] de Joachim Peroteau, aïeule de Jacquette Pineau. (Arch. Vienne, Sainte-Croix, H. 95.)

à les assister de jour et de nuit, afin d'écarter d'elles les violences dont on les menace, sur de faux rapports adressés à Poitiers. Leurs filles et parentes ont été mises au couvent avec engagement de les garder toujours aux Sables. Les pensions promises à chacune ont été régulièrement payées. Enfin, tout le mal vient de la Prieure qui voulut, au conseil, recevoir comme religieuse de chœur Nicolle Ruchaud, âgée de 35 à 40 ans n'ayant « ni deniers, ni aucun lieu pour sçavoir et connoistre de la religion, ne pouvant à grand peine lire son bréviaire ». Les accusées firent opposition et réclamèrent la présence des notaires Maurice Thoumazeau et Louis Macé afin d'en faire dresser procès-verbal. C'est dans le but d'empêcher l'établissement de cet acte qu'on veut maintenant les expédier à Poitiers. Bref, ils se déclarent prêts à engager toutes poursuites nécessaires si les nonnes sont mises dans l'obligation absolue d'abandonner les Sables.

Après avoir entendu les accusations de la Prieure et les observations des parents des accusées, les commissaires enquêteurs passent dans la salle du chapitre pour y donner lecture de ce qui précède. C'est alors qu'ils se mettent à interroger les religieuses dont l'Abbesse croit devoir se plaindre (1). Toutes sont unanimes à déclarer que la règle n'a point été violée, à part le silence. Quant au surplus de ce qui leur est reproché, elles le nient d'une façon absolue.

Elisabeth Pommeraye entend pour sa part conserver sa place de tourière, car le règlement ne permet de renvoyer une officière en chef que si elle a « desnyé et manqué dans

(1) L'ancienne prieure, Madeleine de Lamiré, seule de tout le couvent refusa de déposer à l'enquête. D'autres, surtout les sœurs laies, ne voulurent parler qu'en particulier et sous le sceau du secret. Arch. Vienne, 95.

sa charge ». Comme elle insiste pour connaître la cause de son renvoi, Catherine de Brilhac déclare l'ignorer, sachant seulement qu'on la considère comme « le chef de party contre la déppendance qu'on a de Madame ».

La discussion se continue de part et d'autre sur les divers points dont nous venons de parler et ne parvient qu'à les embrouiller davantage. Ne sachant lesquelles croire, les enquêteurs se décident à interroger les autres religieuses afin d'asseoir, autant que possible, leur opinion. A part une ou deux qui se taisent, toutes viennent déposer, les unes en faveur de la Prieure et les autres contre. C'est un ramassis de ces petits cancans et de ces petites histoires qui intéressent toujours trop les personnes dont la vie n'est pas assez active.

Les ennemies de Catherine de Brilhac trouvent que la Prieure ne les aime point et commet des passe-droits à leur égard. Ainsi, la sous-prieure est à elle seule en possession de trois offices. On a dit que si l'évêque de Luçon refuse de renvoyer les religieuses à Poitiers, l'Abbesse fera appel à l'archevêque de Bordeaux. Enfin, détail particulier, le dortoir n'étant pas éclairé par une lampe, l'obscurité y règne toute la nuit.

Ses amies lui reprocheraient plutôt d'avoir trop aimé et « chery » Elisabeth Pommeraye, qui aurait abusé de sa bonté. Quant à Nicole Ruchaud c'est une bonne fille, aussi capable que les autres de remplir ses devoirs. Pour toutes, le mal vient « de la trop grande fréquentation de certains religieux qui leur ont renversé l'esprit et donné quantité de mauvaises impressions ». De plus, elles se plaignent de ce qu'aux oraisons assistent seulement deux ou trois moniales et que toutes ont une mauvaise tenue à l'église. « L'on parle souvent dans le chœur, disent-elles,et durant la messe et si hault que le peuple est scandalizé. »

Les sœurs laies entendues les dernières confirment selon leurs amitiés ce qui a été dit de part et d'autre. Quelques-unes déclarent que la Prieure est hautaine, mais la grande majorité lui donne raison. Les parloirs sont pleins toute la journée et souvent à partir de cinq heures du matin. Les offices demeurent par trop négligés et,à l'église, le silence n'est point observé, car on y parle même tout haut. Il est exact que des provisions ont été arrêtées à la porte. De plus des lettres entrent en cachette et certaines religieuses se vantent d'avoir trouvé le moyen de quitter le couvent.

A son tour Simon Ruchaud, receveur de l'Abbesse de Sainte-Croix, raconte comment se passa l'équipée de la nuit précédente. « Sur les dix heures, dit-il, quantité de personnes, tant hommes que femmes,munies de fuzilz et autres armes à feu vindrent investir lad. maison et sy sont occupé la plus grande partie de la nuit, avec quantité de crys et clameurs, nommant quelques-unes des relligieuses parentes desd. opposans, disans : « Ne craignez, dormez en repos, on ne vous enlevera pas, nous l'empêcherons bien », adjoutant qu'il a ouy dire par ung des plus proches parens desd. relligieuses qu'on avoyt envye de passer par dessus les murailles pour aller rompre le carosse que Madame avoit envoyé en ce lieu pour emmener lesd. relligieuses et, quantitez se sont vantez hautement de tuer les chevaux, plustost que lesd. relligieuses fussent emmenées. Touttes lesquelles procédures, violences, choquent entièrement l'honneur et l'authorité de Madame et rend led. voyage inutile et fomentent et nourrissent la désobéissance desd. relligieuses parentes desd. opposans. » Il termine, en protestant au nom de l'Abbesse de se pourvoir en justice contre eux.

L'enquête une fois terminée les trois prêtres enquêteurs prennent immédiatement une ordonnance dans l'espoir d'arrêter les abus qu'ils ont été appelés à constater.

Injonction est faite aux religieuses d'observer exactement le silence, tant au chœur, au réfectoire que dans tous autres lieux réguliers conformément à la règle, quand elle le prescrit. Afin de mieux l'observer, celles de chœur devront, dans la quinzaine, habiter des cellules et des dortoirs convenables spécialement aménagés pour elles. On fera ouvrir des fenêtres au dortoir et fermer à clef le couloir qui sert à y conduire.

Défense, une fois la retraite sonnée, d'aller dans les cellules se visiter les unes les autres, avec ordre de se coucher et de se lever aux heures réglementaires pour ensuite assister toutes ensemble à l'oraison. De plus, les clefs resteront aux portes pendant toute la nuit, afin de faciliter la surveillance de la Prieure et de la sous-Prieure. Les nonnes assisteront à l'oraison du matin. En cas de maladie ou d'infirmités, elles devront prier une sœur d'aller demander la permission de ne pas s'y rendre.

Le tour sera séparé du parloir par un mur élevé jusqu'à la hauteur du soliveau, mais restera muni d'une porte fermant à clef. Les tourières comme les autres religieuses ne pourront plus s'y rendre sans permission et sans la présence d'une « mère-escoute et assistante », chargée de voir et entendre ce qui se fera et se dira. Cependant une exception sera faite à cette prescription quand il s'agira d'une communication à un père spirituel. L'assistante devra s'écarter, mais sans cesser de regarder. Pour les parents, seule la Prieure jugera si elle peut permettre de converser avec eux en particulier. Les parloirs seront fermés aux religieuses les dimanches et fêtes de l'Avent et du Carême.

Les sœurs devront observer le silence dans le chœur et ne plus désormais s'en servir comme d'un parloir pour converser à travers la grille, « ce qui est une irrévérence envers le Saint-Sacrement ».

Défense d'écrire et de recevoir des lettres sans la permission de la Prieure. Elles seront vues et lues par elle, puis celles qui devront être envoyées, munies du sceau de la communauté.

Défense de faire « brigues et révoltes» contre la Prieure, de lui désobéir, de lui demander des dispenses, des privilèges ou des exemptions au préjudice de l'autorité de l'évêque de Luçon et du respect dû à l'Abbesse de Sainte-Croix.

Cet acte se termine de la façon suivante en ce qui concerne les religieuses mises en cause : «les avons exhortées de tout notre pouvoir a une mutuelle amityé union et concorde et avons permis à lad. Pommeraye la continuation de son office de tourière aussi longtemps qu'elle en fera dignement la charge et qu'il plaira à mond. Seigneur ou a dame Abbesse ou à lad. Prieure l'y continuer ».

Ordre est donné, en vertu des lettres d'obédience envoyées par Catherine de la Trémouille, aux sœurs Michelle Thoumazeau, Catherine Vedard et Marye Lemaye de se rendre à Poitiers sous la conduite de Simon Ruchaud et de Catherine Marsoulard. Quant à Constance Martineau et à Elizabeth Thomas on s'en remettra, pour ce qui les concerne, aux décisions de l'évêque de Luçon et de l'Abbesse de Sainte-Croix, car il s'agit dans l'occurrence de l'opposition des parents des révoltées et de la sédition des habitants des Sables. En attendant, elles resteront au couvent et seront punies sévèrement s'il leur arrive d'en transgresser la règle. Enfin, défense est faite à toutes les religieuses de donner copie du procès-verbal à qui que ce soit « à cause des secrets de la religion ne soient dévoilés ». Suivent les 21 signatures des bénédictines qui approuvent cet acte. Il s'en trouve deux ne sachant pas écrire.

Dans les décisions prises à la fin par les commissaires enquêteurs, il n'est pas difficile de voir qu'ils ménagent à la fois l'autorité de l'évêque de Luçon et celle de l'Abbesse de Sainte-Croix. Ils craignent, avec juste raison, comme nous allons voir, qu'entre les deux ne surgisse un conflit, car pour régler une semblable affaire il leur faut absolument s'entendre et agir de concert. L'entente ne se fit point, grâce à la résistance de l'évêque.

Les religieuses qui avaient reçu l'ordre de partir pour Poitiers obéirent, mais restaient encore Elisabeth Thomas et Catherine Martineau dont le départ était soumis à la décision de l'autorité diocésaine. Cette décision leur fut sans doute favorable, car l'Abbesse ayant réclamé à Jean de Nivelle leurs lettres d'obédience, celui-ci fit la sourde oreille à sa demande. C'est alors qu'elle désigna Pierre Guyon, éc., sgr de Vâtre, pour son mandataire avec mission d'aller le trouver (1). Après deux jours d'attente, sans pouvoir être reçu, à cause de l'absence de l'évêque, il remet, le 9 octobre 1642, un acte de sommation à son représentant (2). Aucune réponse ne lui est faite et les lettres réclamées ne lui sont pas remises.

(1) Pierre Guyon, s[r] de la Vâtre, avocat, maire de Poitiers en 1636, puis échevin en 1639, avait épousé Jehanne Duchastellier, qui mourut en 1651 après avoir donné 200 l. et une rente de 10 l. sur sa métairie de la Bouralière (Vouneuil-sous-Biard) à l'Hôtel-Dieu. Pierre Guyon décéda le 14 novembre 1661.

(2) Arch. Vienne, Sainte-Croix, H. 95.

Nous avons tout lieu de croire que Catherine de la Trémouille n'obtint pas le départ des nonnes, car nous les retrouvons plus tard aux Sables. Michelle Thoumazeau est au couvent en 1647 et Elisabeth Thomas en 1663 (1). Quant à Nicolle Ruchaud, en partie cause du conflit, elle occupe en 1684 le modeste office de grenetière.

Cependant l'Abbesse de Sainte-Croix s'était adressée au Conseil privé du Roi pour obtenir la punition des parents des moniales en révolte. Elle obtenait, le 21 novembre 1642, un arrêt prescrivant une enquête sur «l'émotion» survenue au mois de septembre, en présence de son Receveur, dont la plainte avait été dressée par un notaire de Luçon, le 28 septembre 1642. Nous ignorons quel fut le résultat de cette enquête confiée aux soins du Présidial de Poitiers. Nous trouvons, le 3 avril de l'année suivante, Catherine de la Trémouille assistant à l'acte de religion d'une novice au château d'Apremont (2). Il est vraisemblable qu'elle profita de son passage en Bas-Poitou pour régler définitivement cette affaire, et rendre au couvent le calme et la tranquillité dont il avait un si pressant besoin pour assurer son avenir matériel et le recrutement des vocations religieuses.

(1) Arch. Vendée, H. 108.

(2) *Id.* Catherine de la Trémouille mourut le 7 avril 1650.

CHAPITRE IV

Période de décadence.

Vers 1720, les Bénédictines des Sables comme celles de Poitiers ne surent résister à l'engouement du public pour le banquier Law. Elles achetèrent des billets de banque, et un beau jour, grâce à leur ignorance des vicissitudes de la spéculation, se trouvèrent à peu près totalement ruinées. A ce premier malheur, vint s'ajouter l'édit de Louis XV ordonnant la fermeture des monastères dont les revenus étaient insuffisants pour permettre aux religieux ou religieuses de vivre en communauté.

Se sentant fort menacées, quoique soutenues à la fois par l'évêque de Luçon et l'abbesse de Sainte-Croix de Poitiers, elles se décident à envoyer au roi l'adresse suivante que viennent appuyer les habitants des Sables.

« Par la lettre que M. le coadjuteur d'Orléans a écrite à M. l'Evêque de Luçon (1) de la présente année 1732, il paroit que la Commission qu'il a plu au roy d'établyr pour assurer l'état des communautés du royaume a regardé celle des religieuses Bénédictines des Sables d'Ollonne, qui est une fille dépendante de l'Abbaye royalle de Sainte-Croix de Poitiers, ou comme inutile au public ou comme ne pouvant

(1) L'évêque de Luçon est alors Michel-Celse-Roger de Rabutin, comte de Bussy. D'abord abbé de Flavigny et de Belleveaux, il est nommé évêque le 17 octobre 1723. Sa mort arriva le 3 novembre 1736, à Paris (Du Tressay, *loc. cit.*).

subsister faute d'un revenu suffisant pour la nourriture et l'entretien des relligieuses dont elle est composée, puisque cette mesme Commission a compris cette communauté dans l'état de celles auxquelles il doit être fait defense de recevoir des novices afin d'extinction. Si ces deux motifs cessent, sans doute que MM. les commissaires réformeront la décision provisionnelle qu'ils ont donnée sur cette communauté.

« Ils sont pour cela très humblement suppliés d'obtenir que la ville des Sables-d'Ollonne quoiqu'une seule paroisse est composée de plus de dix mille communions. Qu'outre la justice ordinaire il y a élection, amirauté, siège et bureau des traites. Qu'il n'y a qu'une communauté de filles cloistrées où on puisse procurer à des jeunes personnes une éducation chrétienne et que la plupart des maisons de condition du pays y mettent leurs filles comme dans un lieu asseuré, pour y être élevées selon les maximes de la piété (1). Qu'il n'y a que deux ou trois communautés de filles dans le diocèse de Luçon et que celle-cy est éloignée des autres de plus de huit à neuf grandes lieues de Poitiers. Que si cette communaulté estoit détruite, tous les honnêtes gens de la ville et des environs seroient privés d'un secours très nécessaire pour l'éducation de leurs filles. Le public est donc infiniment intéressé à ce que cette communauté subsiste.

« Il est vrai que les remboursements qui furent faits à cette Communauté dans le temps des remboursements des

(1) Comme maîtresses de pensionnat nous trouvons à Sainte-Croix des Sables :

1784-1789	Guerry (Louise).
1785	Robert (Marie-Henriette) de Lézardière.
1789	Rouillé (Marguerite).
1789	Robert (Catherine-Marquise-Lydie) de la Salle-Lézardière.

billets de banque luy causèrent un grand dérangement et l'obligèrent même d'avoir recours à Sa Majesté pour obtenir quelques secours extraordinaires, mais ces dames ont usé de tant d'économie, de ménagements, se sont appliquées avec tant de soin à élever de jeunes demoiselles et y ont si bien réussi que, par le moyen des pensionnaires qui leur sont venues, elles ont depuis quelques années entièrement acquitté les dettes qu'elles avoient été obligées de contracter et sont à présent dans un état à pouvoir arriver, sinon aisément, au moins dans toute facilité, qui leur permet le règlement auquel elles sont soumises, de sorte même qu'elles espèrent que dans très peu de jours elles seront en état de se passer de la gratification qu'il a plu au Roy de leur accorder, si Sa Majesté juge qu'elle soit onéreuse à son état.

« C'est pour ces raisons qu'on espère que la Commission voudra bien révoquer sa décision provisionnelle à l'égard de cette communauté (1). Qu'elle la laissera dans l'état qu'elle est avec la liberté de se pourvoir de fruicts qui puissent la soutenir, puisque, sans être à charge à l'état, elle est si utile au public et que la desfonction de cette communauté priveroit plusieurs familles de condition d'un secours qu'elles ne pourroient facilement procurer ailleurs, ce qui étoit le principal objet de Madame la princesse de Nassau, lors qu'étant abbesse de Sainte-Croix de Poitiers elle fonda la communauté des Sables d'Olonne. »

A cette requête est jointe celle des habitants, datée du 2 février 1732, mais aucune signature n'est mise sur cette copie.

« Nous, soussignés, prêtres, officiers et habitants de la ville des Sables d'Olonne, diocèse de Luçon, certifions à tous

(1) Arch. Vienne, Sainte-Croix, H. 87.

qu'il apartiendra que le contenu de ce présent mémoire est sincère et véritable et, par les motifs qui y sont exprimés prions très humblement Messieurs les Commissaires de laisser subsister lad. Communauté comme très utile, non seulement aux habitans de la ville, mais encore à tout le Bas-pays de Poitou, soit pour tenir les jeunes filles dans la pratique des vertus chrétiennes ou ramener à la relligion catholique celles que le malheur de leur naissance avoit séparé.»

Le couvent ne fut point fermé et obtint même quelques secours du roi. Il eut l'heureuse fortune, comme nous avons dit, de posséder deux fermes appuis, l'un dans les Evêques de Luçon et l'autre dans les abbesses de Sainte-Croix. En 1760, le premier peut lui obtenir une somme de 4.000 l. (1). La seconde écrit l'année suivante à la Commission établie pour venir en aide aux monastères. Elle implore ses bienfaits et demande le maintien du Prieuré, que l'on menace de supprimer et de voir ainsi « ses biens et ses beaux bâtiments passer en des mains étrangères ». Elle en fait ressortir l'utilité pour l'éducation des jeunes filles du pays. Quant aux causes qui ont amené ses dettes, il faut les attribuer aux guerres, à l'enchérissement des vivres (2) par suite de la présence des soldats aux Sables. Assurément la Commission lui a donné les sommes nécessaires à l'extinction de ses dettes, mais le comte de Carcado (3), qui commande la ville, a formé, avec sa femme, le projet de faire passer le

(1) Ce document et ceux qui suivent proviennent des Archives du Couvent de Sainte-Croix de Poitiers.

(2) Un bataillon du régiment d'infanterie de Tournesis avait été installé aux Sables le 1er avril 1756 (Collineau, *Revue du Bas-Poitou*, année 1909, 3e trim.).

(3) Louis-Gabriel le Sénéchal, comte de Carcado, marié à Jeanne-Anne Poncet de la Rivière.

Prieuré entre les mains des religieuses de l'Adoration perpétuelle.

Le moment paraît avoir été critique pour les Bénédictines. Une active correspondance a lieu entre l'Evêque et l'Abbesse au sujet de leur maintien, à partir de 1760. Le premier croit que leur départ est résolu et suppose même l'affaire fort avancée. Aussi se dispose-t-il à favoriser le nouvel Institut qui doit se fonder, afin de lui conserver le revenu actuel du couvent qui se monte à 3.260 l. De son côté, Marie-Anne d'Escars (1) paraît se désintéresser du Prieuré des Sables, le jugeant d'aucune utilité pour l'Abbaye de Poitiers. Si elle venait à son secours, l'on ne manquerait point de l'accuser de ruiner son propre monastère. De plus, comme il appartient au diocèse de Luçon, c'est lui seul qui doit s'en occuper et pourvoir à ses besoins.

Nous ignorons quelles causes purent intervenir pour empêcher le départ des Bénédictines. En tout cas, l'Abbesse et l'Evêque se ressaisirent et vinrent franchement au secours des religieuses, sinon en leur donnant beaucoup d'argent, tout au moins en leur envoyant de bons conseils, ce qui souvent vaut beaucoup mieux. La première s'occupa sérieusement des économies à faire et des moyens propres à augmenter les revenus. Elle recommanda de distribuer le pain aux sœurs en une seule fois et pour toute la semaine, afin d'en diminuer la consommation. Les dots apportées par les novices étaient, à son avis, insuffisantes. « Il n'y a pas de

(7) Marie-Anne d'Escars ou des Cars, née en mai 1714, fille de Louis-François Pérusse, comte des Cars, et de Marie-Françoise-Victoire de Verthamon. Abbesse du couvent de Sainte-Auxonne d'Angoulême, le 24 juin 1732, fut mise à la tête de Sainte-Croix de Poitiers, le 3 juin 1742. Sa mort arriva le 2 novembre 1779. Elle devait être alliée par sa mère à Samuel de Verthamon, évêque de Luçon (1738-1758), mais ne partagea point ses idées jansénistes.

maisons, dit-elle, où l'on reçoive pour 3.000 l. et encore le capital reste au couvent. » En revanche la somme de 2.000 l. réclamée pour le paiement des « hardes » des entrantes est fort exagérée. En résumé, les pensions augmentent partout, grâce à la cherté des vivres, et les familles ne sont guère disposées à donner autre chose que des rentes viagères. Dans ce cas, il les faudrait au moins de 200 l. par an, pour être suffisantes.

L'Abbesse de Sainte-Croix continue en blâmant la Prieure de lui cacher la situation exacte de son couvent, de ne pas avoir réclamé 360 l. de rente à chaque entrée des novices, enfin de garder par devers elle le montant des pensions susceptibles d'assurer à peine le nécessaire, et dans aucun cas de donner un superflu qui est encore loin d'exister aux Sables (1). Quant au trousseau, il devra durer plusieurs années, mais comme nécessairement on en verra le bout, chaque religieuse pourra, selon l'habitude, réclamer au premier de l'an les objets qui lui manqueront.

L'Evêque, de son côté, tout en constatant aussi que les pensions des religieuses servent à peine à leur entretien, engage l'Abbesse à venir au secours de son Prieuré. Comme celle-ci fait la sourde oreille à ses propositions, il conseille à son tour au couvent de se contenter, faute de mieux, de pensions viagères. Cependant, il partage son avis, quand elle lui soumet le projet de n'y accepter que des grandes pensionnaires ayant dépassé l'âge de 18 ans. Seules, pense-t-il, elles sont capables de procurer quelques bénéfices à la communauté et de lui permettre d'avoir des finances en meilleur état.

(1) Arch. Couvent de Sainte-Croix. — Lettres des 9 et 30 août, 4 octobre et 14 novembre 1764, 23 juin 1766, 12 mai et 27 mai 1767.

Nous ignorons si les pensionnaires de ce genre vinrent nombreuses aux Sables, pour y jouir de la paix du cloître. En tout cas, la fortune du Prieuré semble s'augmenter graduellement sans pour cela devenir très brillante. En 1745, il constitue une rente de 100 l. sur Marie-Renée Ranfray, veuve d'Armand Gabriel de Crux (1). Le 31 janvier 1761, c'est la maison-mère de Poitiers qui lui emprunte 2.000 l. Cette somme ayant été réclamée trois ans plus tard, l'Abbesse en refuse le remboursement sous prétexte qu'elle représente une rente constituée perpétuelle. En 1780, la métairie de Bel-Air lui rapporte un revenu de 800 l. En 1784 Claude de Bourbon-Busset, qui avait remplacé Marie-Anne d'Escars, emprunte à ses « chères filles » 5.000 l. pour liquider les frais d'un procès tombés à sa charge (2). L'année suivante un architecte de Poitiers, Louis Vetault de la Jubaudière, obtient d'elles un prêt de 5.000 l. en faveur des hospitalières de Niort (3). La même année, ce sont les abbayes du Pin (4) et de Bonneveaux (5) qui leur empruntent chacune 2.000 l. (6). Cette situation, qui semblait

(1) Arch. Vendée, H. 108.

(2) Arch. Vienne, Ste-Croix, H. 95.

(3) Arch. Vendée, H. 108. — Pierre-Jean-Louis Vétault, né en 1764, marié à Louise-Henriette Labady, dont : 1° Théodore, le 1er nivôse an II; — 2° Constance-Adélaïde en 1796, mariée à Lucien Merle, morte le 11 novembre 1847; — 3° Charles, en 1797. Vétault traversa la Révolution, l'Empire et la Restauration sans cesser d'être architecte du gouvernement établi.

(4) L'abbaye de Notre-Dame-du-Pin, située sur les bords de la Boivre, commune de Béruges (Vienne), fut fondée en 1120. Elle appartenait à l'ordre de Citeaux (Rédet).

(5) Bonnevaux, commune de Marçay (Vienne), était une abbaye fondée au début du XIIe siècle, qui appartenait à l'ordre de Citeaux (*id.*).

(6) En 1746, elles avaient consenti un premier prêt de 4.000 l. aux Carmes de Poitiers, puis un second de 2.000 l. à l'abbaye de l'Etoile (Arch. Vendée, H. 108).

s'annoncer prospère, ne devait point longtemps durer. La Révolution allait l'anéantir bientôt en s'emparant de tous les biens si péniblement amassés par les religieuses de Sainte-Croix des Sables.

CHAPITRE V

Le Jansénisme au Prieuré.

Pendant toute la durée de l'épiscopat de Guillaume de Verthamon de Chavagnac, la paix religieuse ne régna guère au diocèse de Luçon (1). Ardent soutien des idées jansénistes, qu'il s'efforça d'imposer, même dans les couvents de femmes, il combattit à outrances les Jésuites et les renvoya de sa ville épiscopale, le 3 juin 1758. Après sa mort, arrivée en octobre de la même année, son successeur, Claude-Jacquemet Gaultier d'Ancyse, se mit à professer des opinions absolument opposées. Aussi les premières années de son épiscopat furent-elles employées à faire cesser les dissensions qui existaient dans son clergé comme dans les monastères. En ce qui concerna Sainte-Croix des Sables, il eut l'appui de l'abbesse de Poitiers, mais ce ne fut point sans de longues difficultés que celle-ci put obtenir l'apaisement tant désiré de tous.

La misère et les préoccupations d'argent ne semblent pas avoir eu à cette époque une influence considérable sur les Bénédictines des Sables. En tout cas, elles ne les empêche point de s'intéresser au Jansénisme et de prendre part avec ardeur aux querelles qui divisent la Sorbonne et les Jésuites. Deux partis se forment au couvent dans lequel la discorde ne cesse de régner. L'Abbesse de Sainte-Croix de

(1) Cf. Du Tressay (abbé), *loc. cit.*, t. III.

Poitiers se trouve alors dans l'obligation d'intervenir. En leur écrivant, elle constate que le silence et la discipline sont régulièrement observés au Prieuré. Malgré cela, certains usages consacrés par la règle restent depuis quelque temps supprimés. Les manœuvres de Messieurs de la Sorbonne lui sont connues, de même que les agissements du curé des Sables (1). Fort heureusement, M. Barboteau, prieur de Saint-Jean d'Orbetier, leur a donné de bons conseils, ce dont elle le remercie. S'ils avaient été suivis dès le début, « le public n'eût pas glosé et la communauté ne se fût pas divisée ». Pour comble de malheur, Jeanne Dumont, nommée Prieure, grâce à son intervention auprès de l'Evêque, s'est laissé séduire, admettant à son tour toutes les nouveautés qu'il lui fallait combattre (2). Enfin Marie-Anne d'Escars termine en indiquant sa ferme résolution de lutter contre elles et de les détruire autant qu'il sera en son pouvoir.

Il est assez curieux de voir encore, un siècle après sa fondation, les religieuses du Prieuré des Sables garder contre les Jésuites la même aversion que celles qui vinrent les premières s'y établir. Au contraire, les Abbesses de Poitiers surent en général leur conserver une assez constante amitié. De là le conflit qui ne pouvait manquer de s'élever entre la maison-mère et sa filiale.

Cet état d'esprit amena donc dans la communauté une certaine désorganisation religieuse au moment où la désorganisation matérielle battait son plein. Si cette dernière put être conjurée, l'autre le fut certainement aussi par Marie-Anne d'Escars. Nous en avons comme témoi-

(1) Il s'agissait probablement de Pierre le Marchand, arrivé aux Sables le 19 mars 1735, mort en 1774. (Reg. par. Sables d'Olonne.)

(2) Arch. Couvent de Sainte-Croix de Poitiers.

gnage la pieuse et touchante lettre qu'elle écrivit pour la circonstance à ses « filles des Sables », en leur envoyant une copie du règlement imposé à toutes les maisons dépendant de Sainte-Croix de Poitiers (1). Voici la lettre et le règlement tels qu'on les retrouve encore dans les archives de l'ancienne Abbaye :

« Nous, Marie-Anne de Peruse des Cars, abbesse de l'abbaye royalle de Ste Croix de Poitiers et supérieure immédiate de la Communauté de Ste Croix de la ville des Sables d'Olonne, diocèse de Luçon, désirant donner à nos chères filles de notre communauté des Sables d'Olonne des preuves non équivoques de notre attention à nous occuper de ce qui peut spécialement les intéresser, nous avons pensé que le moyen le plus efficace d'y parvenir étoit de leur mettre sous les yeux les engagements qu'elles ont contractés à la face des autels, la règle qu'elles ont promis de suivre, de conserver cette règle en son entier et de proscrire ou prévenir tout ce qui pourrait y donner atteinte.

La règle que vous vous êtes imposée, l'étroite obligation d'observer est, mes chères filles, tirée de la règle de St Benoît, de cette première règle que plusieurs Évêques et Archevêques et Souverains Pontifes avoient pratiquée avant d'être élevés sur le chandelier de l'Eglise; que plusieurs ordres et congrégations, qui ont édifié et qui continuent de l'édifier, ont embrassée, qui a fait tant de saints et dont les paroles sont autant de rayons de la sagesse dont l'esprit de son auteur étoit rempli : une règle puisée dans une source si pure qui a un fondement si respectable, peut-elle être trop respectée ?

Elle était, mes chères filles, en vigueur dans notre

(1) Arch. du couvent de Sainte-Croix de Poitiers.

abbaye avant la fondation du monastère que vous habitez. Elle nous fut envoyée en 1519 par M. l'archevêque de Sens, Cardinal et Légat de France, avec l'assurance qu'elle avoit été extraite de la règle et statuts de St Benoît par des hommes prudents, bien vivants, fameux et renommés en vie tant régulière que séculière et de grande dévotion. Cette règle, qui n'était que manuscrite, fut, en 1612, imprimée par les soins de Mme de Nassau, autorisée par M. Geoffroy de Saint-Belin, évêque de Poitiers, et fut approuvée par des docteurs de Sorbonne.

Madame Flandrine de Nassau de glorieuse mémoire, l'une de nos prédécessices (*sic*) et qui, le 19 novembre 1631, fonda la communauté que vous habitez, nos chères filles, voulut que celles qui s'y consacreraient au Seigneur, embrassent une règle qu'elle observoit avec exactitude, et M. Emery de Bragelongue lors évêque de Luçon, consentit aux choses spécifiées par Madame de Nassau. Quels puissants motifs ne se réunissent donc pas pour conserver sans changement une règle si sage et si autorisée, pour qu'on n'y donne point atteinte par transgression totale ou en partie de ce qu'elle prescrit. C'est pour éviter et prévenir tout ce qui pourroit y être ou devenir contraire que nous avons fait les règlements suivants que nous vous exhortons et néanmoins engageons d'observer.

Art. 1er.

La Prieure que nous commettons pour, en notre lieu et place et avec soumission à suivre nos ordres, gouverner notre Communauté des Sables d'Olonne, observera exactement la règle, que lors de sa profession elle a promis à la face des autels d'observer, et qui a été suivie par toutes les religieuses qui depuis l'érection de la communauté s'y sont consacrées au Seigneur. Elle aura une attention particulière et veillera à éloigner tout ce qui, soit directement, soit indirectement, pourroit introduire des usages opposés aux usages prescrits par une règle qui, ayant été tirée de la règle du grand Saint Benoist, est une règle sage, prudente, remplie de l'esprit religieux et qui a été solennellement autorisée.

ART. 2.

Dans la nomination que la Prieure fera des différents offices et emplois, elle n'écoutera ni la voix de l'inclination, ni celle de la chair ou du sang ; elle n'aura égard qu'au mérite des sujets capables de procurer l'avantage de la Communauté.

ART. 3.

Si une religieuse a perdu de vue ses obligations, la Prieure lui représentera en particulier ses devoirs et l'irrégularité de sa conduite : si la cordialité et successivement la fermeté ne produisent aucun effet, la Prieure nous en informera, ainsi que le lui prescrit le devoir de la place qu'elle occupe.

ART. 4.

La Prieure aura des attentions pour toutes les religieuses en général et pour chacune en particulier, par des manières prévenantes elle annoncera un accès toujours aisé et facile ; elle leur parlera avec douceur, elle leur accordera des permissions qui peuvent être légitimement accordées. Si une religieuse lui fait part des peines qu'elle pourroit avoir, elle l'écoutera avec bonté, lui donnera les consolations que la religion et la prudence lui suggéreront, elle s'efforcera de mettre fin ou d'adoucir ses peines sur lesquelles elle gardera le plus profond secret.

Art. 5.

Lorsque la Prieure s'apercevra qu'une religieuse est fatiguée, et que sa santé commence à se déranger, elle lui procurera quelques jours de tranquillité et de repos. La Prieure visitera exactement les religieuses malades; elle les consolera dans leurs infirmités, elle sera attentive à ce que rien de ce qui leur sera nécessaire ne leur manque, et à ce qu'elles ne meurent point privées de secours spirituels.

Art. 6.

La Prieure assistera aux observances autant que sa santé et les affaires de la maison le permettront; elle veillera à ce que les religieuses soient exactes à se rendre aux prières, aux oraisons, aux offices, à ce qu'elles fréquentent les sacrements, au moins aux jours marqués par la règle et par l'usage; elle donnera elle-même l'exemple, soit que l'on psalmodie, soit que l'on chante l'office divin, on remplira toujours cette obligation essentielle avec dévotion et révérence ; un chœur ne commencera point que l'autre n'ait fini; on observera la médiante.

Art. 7.

Le vœu d'obéissance tenant le premier rang entre les trois vœux, et étant essentiel à l'état de religion, les religieuses auront de la prévenance et de la déférence, des égards, du respect pour la Prieure, et comme elle ne leur commandera rien que de conforme à la loi de Dieu et à la règle, leur obéissance doit être pure, simple, sans crainte, fervente, sans murmure, et saintement joyeuse. Elles doivent obéir en toutes choses, grandes et petites, douces et amères, faciles et difficiles, en tout temps, à toute heure et en tout lieu.

ART. 8.

Lorsque les offices ou emplois vacqueront, aucune religieuse ne fera de mouvements, moins encore de brigues pour obtenir l'office ou l'emploi qui la flatteroit. Chaque religieuse attendra tranquillement l'élection que fera la Prieure; elle acceptera avec soumission l'employ auquel elle aura été nommée; que si elle pense qu'elle n'a point les forces ou la capacité requises pour le bien remplir, elle le représentera à la Prieure avec révérence et humilité, et qui y aura quelque égard que de raison; aucune religieuse ne refusera d'offices ou emplois sous prétexte qu'elle n'y est pas la première, un tel refus étant tout à la fois une désobéissance et une rebellion.

ART. 9.

Ayant renoncé par la profession religieuse non seulement aux biens que l'on possédoit ou qu'on avoit espérance de posséder; mais encore au désir de posséder; les religieuses ne se regarderont point comme propriétaires des objets de quelque nature et espèce qu'ils soient qui leur auroient été assignés ou qui pourroient leur être donnés par leurs parents ou par d'autres personnes. Elles ne perdront pas de vue qu'ils appartiennent à la religion, qu'ils peuvent être employés à procurer le bien général de la communauté, elles seront dans la disposition habituelle de les rendre en tout ou en partie, comme n'en ayant aucun droit exclusif, et elles n'oublieront point qu'elles n'en ont et ne peuvent en avoir l'usage qu'avec la permission de la Prieure en qui, sous nos ordres, réside le pouvoir de leur concéder ou de leur refuser.

ART. 10.

Il n'y aura dans la chambre des religieuses aucune dorure, ni aucun cadre doré; les meubles seront simples, bornés au nécessaire et annonceront la pauvreté religieuse. Toutes conserveront avec soin les choses dont la Prieure leur aura permis l'usage, elles prendront garde *qu'elles ne le gatent point*, qu'elles *ne le détériorent point* par leur faute.

ART. 11.

La Communauté, à raison de la modicité de son revenu, ne pouvant donner aux religieuses que la nourriture, elle exigera des parents de celles qui voudront se consacrer au Seigneur, des habits, linges et autres choses nécessaires, que les religieuses garderont et dont elles auront l'usage, avec la permission de la Prieure.

ART. 12.

Les pensions viagères particulières consenties avec notre agrément par les parents des novices, lors de leur profession religieuse, ne seront point reçues par les religieuses en faveur de qui elles auront été créées, elles ne les garderont point dans leur chambre, elles n'en auront point la disposition arbitraire, parce qu'elles ne doivent point se considérer comme étant propriétaires, mais ces pensions particulières seront reçues par la Prieure et gardées par elle.

ART. 13.

Si une religieuse se trouve avoir besoin de quelque chose elle ira trouver la Prieure à qui elle l'exposera et lui demandera permission de se la procurer; si la Prieure le lui permet, elle la fera venir et lui déclarera de quel prix est la chose, la Prieure la payera elle-même, ou donnera à la religieuse l'argent nécessaire pour la payer ; la Prieure ne refusera point et ne doit pas refuser aux religieuses qui ont des pensions particulières, aucune des choses qui leur sont nécessaires.

ART. 14.

Celles qui auront des pensions particulières ne les consommeront point d'avance par l'achapt de différentes espèces de marchandises et n'éluderont point l'obligation qui leur est imposée de laisser recevoir et toucher leurs pensions par la Prieure, sous prétexte qu'elles ont contracté des dettes qu'il faut payer, puisqu'elles n'ont pu légitimement faire aucun achat sans permission de la Prieure; que si quelque religieuse à l'insu de la Prieure a contracté des dettes avec quelque marchand, elle lui déclarera à qui elle doit, et combien elle doit, et elle promettra de ne plus retomber dans cette faute.

ART. 15.

Si une religieuse meure peu avant ou après l'échéance de sa pension particulière, la Prieure la touchera; mais elle ne pourra se l'approprier et la tourner à son profit; elle l'employra au bien général de la communauté à qui elle appartient.

ART. 16.

Aucune religieuse ne fera de présents, de quelque valeur qu'il soit, sans avoir obtenu la permission de la Prieure. Aucune religieuse ne recevra de présents de ses parents ou d'autres personnes, sans la permission de la Prieure; si le présent est en argent, elle le remettra entre les mains de la Prieure ; s'il est commestible, comme vin ou ragoût, elle ne pourra se le faire servir au réfectoire où ne doit être servi que ce que la Communauté donne pour la nourriture commune. Elle ne pourra en faire usage en son particulier sans une permission expresse de la Prieure qui ne doit l'accorder que pour de bonnes raisons.

ART. 17.

Si la Prieure a accordé à quelque religieuse la permission de faire cultiver un jardin particulier, celle qui le fera cultiver ne pourra vendre à son profit les fruits qu'elle y recueillera, elle ne pourra en faire présent ni en retenir pour elle, sans en avoir obtenu la permission de la Prieure. La religieuse que la Prieure aura chargée de faire cueillir les fruits du jardin commun les remettra exactement entre les mains de la célérière. Elle ne pourra en disposer ni en retenir sans la permission de la Prieure.

ART. 18.

Les religieuses qui ne consommeront point le pain et autres vivres qui leur seront donnés au réfectoire ne prendront point ce qu'elles ont eu de reste, pour le donner à une personne qu'elles sauront être dans l'indigence, parce que le surplus qui leur est nécessaire pour leur nourriture ne leur appartient point, mais à la communauté. Lors de la prise d'habit ou de la profession des novices, on n'exigera point de leurs parents de traiter la communauté avec profusion et de faire des dépenses excessives; on se contentera d'un dîner honnête et raisonnable.

ART. 19.

Les religieuses n'écriront et ne recevront de lettres, ne donneront, ne recevront, ne prêteront, n'achèteront, ne vendront, ne troqueront, en un mot ne disposeront de rien, sans permission de la Prieure.

ART. 20.

Personne du dehors n'entrera dans la Communauté, sans la permission de la Prieure. Lorsque le médecin ou le chirurgien seront appellés pour des malades, l'infirmière se trouvera à la porte de la clôture, elle les conduira dans le lieu où sera la malade, et, les ordonnances faites ou exécutées, elle les reconduira jusqu'à la porte de la clôture; elle ne permettra point qu'ils aillent dans les chambres des religieuses, dans les lieux réguliers, où la communauté pourroit être assemblée ou une partie d'icelle, ni qu'ils aillent se promener dans les jardins; elle sera exacte à avertir la Prieure des contraventions qui pourroient arriver à cet égard.

ART. 21.

Quand un confesseur entrera pour confesser ou administrer un malade, il sera reçu à la porte de la clôture, par la Prieure, et conduit dans le lieu où sera la malade; s'il est obligé de passer la nuit, la Prieure nommera une religieuse pour veiller avec l'infirmière ou une autre religieuse, au défaut de l'infirmière.

Art. 22.

Les parloirs seront fermés à clef, et la tourière en aura la clef; les religieuses n'iront au parloir qu'avec la permission de la Prieure; elles n'y passeront point de temps considérable; elles n'y resteront point pendant le temps de l'office à moins que ce ne soit pour des affaires qui ne puissent souffrir de retardement.

Art. 23.

On observera le silence dans les lieux réguliers, ainsi que dans les autres lieux, dans les temps prescrits par la règle; après complies, la Prieure, ou une religieuse commise par elle, fera la visite dans les chambres des religieuses.

Art. 24.

Les religieuses n'auront des relations avec les pensionnaires, que celles que la bienséance et la politesse et la nécessité exigeront, dans aucun jour, et moins encore les jours de dimanche et de fêtes qui doivent être entièrement consacrés au service de Dieu. Elles ne joueront point aux cartes avec elles.

Art. 25.

La maîtresse des pensionnaires veillera à ce que les pensionnaires mises par leurs parents pour avoir de l'éducation et de l'instruction soient retenues, appliquées à leur devoir et au travail, à ce qu'elles soient réservées, modestes, à ce qu'elles s'approchent des sacrements; elle leur défendra tout jeu de cartes; et la Prieure ne le permettra point aux pensionnaires qui ne sont pas dans la Communauté pour s'instruire.

ART. 26

La paix, l'union, la charité, faisant le bonheur des sociétés, et spécialement des sociétés religieuses, nos chères filles de notre Communauté des Sables n'oublieront rien pour jouir d'un bien si précieux; elles se préviendront les unes les autres; elles ne s'embrasseront point avec froideur et indifférence; elles vivront dans une cordiale et intime union; elles auront une horreur extrême de toute sorte de cabale et de parti, source funeste de divisions qui troublent la paix des Communautés, et de ces schismes scandaleux qui les déchirent au dedans et les déshonorent au dehors; elles seront obligeantes par la douceur, l'ordre et de bons offices elles s'aideront mutuellement à porter avec allégresse le joug du Seigneur.

ART. 27

Voulons que les règlements cy-dessus soient, après leur réception, lus sans délais par la Prieure de notre Communauté capitulairement assemblée; qu'ils soient inscrits en leur entier sur le registre des délibérations capitulaires ; qu'une copie en soit tirée pour être mise entre les mains de la Prieure, afin qu'ils ne soient point sans effet; que, chaque année, la vigile de Noël, ils soient relus en présence de la Communauté assemblée et que l'original des dits règlements, écrit et signé de notre main, contresigné par notre secrétaire et auquel nous avons fait apposer le sceau de nos armes, soit déposé dans les archives, pour y avoir recours en cas de besoin.

Donné en notre abbaye royale de Sainte-Croix de Poitiers, le .... me jour d.... mil sept cent soixante six. »

CHAPITRE VI

Fin du Prieuré de Sainte-Croix

Les grandes constructions érigées par les soins de Flandrine de Nassau, tout en exigeant une dépense annuelle d'environ 500 l. pour leurs réparations, purent se maintenir en assez bon état jusqu'à la Révolution (1). Cependant, elles eurent à subir de rudes tempêtes. Le correspondant Sablais des *Affiches du Poitou* en signale une à ce journal : « Dans la nuit du 17 au 18 janvier 1784, écrit-il, on a éprouvé dans cette ville, depuis 6 heures du soir jusqu'à 2 heures après minuit, un coup de vent des plus violents qu'on ait jamais ressenti (2). La Communauté des dames Bénédictines a souffert tellement qu'on estime leurs dommages à 100 pistoles. » Cette somme ne paraît pas excessive par rapport à celle déclarée nécessaire chaque année pour l'entretien de la maison.

La paix intérieure semble avoir régné au couvent grâce aux sages conseils de Marie-Anne d'Escars. Au reste, à cette époque, les questions religieuses perdent de leur acuité, et cèdent la place aux questions sociales ou philosophiques. Il semble que les idées égalitaires, prêchées même par des gens d'église qui les envisageaient surtout au point de vue évangélique, ont eu quelque action sur les

(1) Pièce justificative n° 7.
(2) Bibl. Poitiers. *Affiches du Poitou* du 11 février 1784.

nonnes de Sainte-Croix. Le 20 mai 1789, nous les voyons recevoir parmi elles la fille d'un Me menuisier. Marguerite Perrocheau, née de Jacques Perrocheau et de Marie Tribert, sa femme, passe son acte de profession, en présence de ses parents, de Dominique Fortin, régent de Saint-Nicolas de la Chaume, et des 18 religieuses du Prieuré (1). Sa famille verse 3.000 l. pour la dot qu'elle est tenue d'apporter en entrant. C'est ainsi que les descendantes de la noblesse du Bas-Poitou et de la haute bourgeoisie Sablaise consentent à considérer comme leur égale la fille d'un homme de métier.

Cette action leur fut singulièrement profitable au moment où la Révolution allait d'abord faire diminuer, puis ensuite disparaître leurs revenus. L'année 1789, déplorable au point de vue des récoltes, se termine par la saisie des biens du clergé. Aussi pendant la suivante, grâce aux rentes restées impayées, le revenu annuel du Prieuré, qui se montait à 5.160 l., ne peut-il atteindre que la somme de 4.007 l. Le 26 juillet 1791, la Supérieure, tout en constatant l'état misérable de son Prieuré, vient dire au Conseil général du Département de la Vendée : « Les nécessités où nous nous sommes trouvées, pour la retenue de nos rentes et pour payer nos dettes, nous ont obligées à consommer les 3.000 l. de la dot de ma sœur Perrocheau (2). » D'un autre côté, les pensions

(1) Arch. Vendée, H. 108.

(2) Pièce justificative no 7. Ce document original nous a été gracieusement communiqué par M. Edgard Bourloton, que nous tenons à remercier très sincèrement. Il a bien voulu le distraire, en notre faveur, de ceux recueillis par ses soins, pendant de longues années, pour sa belle et savante étude sur *le Clergé Vendéen pendant la Révolution*. Qu'il nous soit permis en passant de regretter que cette publication, commencée depuis plus de dix ans ne soit pas encore achevée. Nous serions heureux de voir l'aimable et distingué Directeur de la *Revue du Bas-Poitou* lui donner une plus large place dans son intéressante publication. Au reste, personne n'ignore combien il s'intéresse à l'histoire de la Vendée pendant la Révolution.

promises par l'Etat restent impayées jusqu'au 26 juillet 1791. Le 26 février de l'année 1792, la Prieure les réclame en vain au District des Sables et doit encore attendre jusqu'au 31 octobre suivant, pour voir le troisième bureau du Département se décider à lui en faire connaître le montant.

Quand arriva cette décision, le Prieuré n'existait plus. Déjà au mois de juin précédent, une perquisition y avait été faite, motivant ainsi plusieurs lettres, adressées à la Municipalité Sablaise, pour se plaindre de ses agissements. Il est vraisemblable que la famille de Lézardière, qui dirigeait le mouvement royaliste dans cette partie de la Vendée, devait entretenir des relations assez fréquentes avec des religieuses, dont quatre lui étaient apparentées de fort près.

Le 25 septembre 1792, les Commissaires délégués par la Commune des Sables se transportent à Sainte-Croix, en exécution de la loi du 17 août précédent, afin de dresser l'inventaire des meubles qui s'y trouvent avant de les mettre sous scellés (1). On laisse aux religieuses le droit de conserver ce qui se trouve dans leurs chambres particulières, avec, en plus, trois paires de draps pour chacune. Le reste, quoique fort sommairement inventorié, nous indique d'une façon générale que le mobilier de la maison est non seulement assez restreint, mais encore d'une grande simplicité. La partie réservée au pensionnat des jeunes filles paraît peu considérable. Les chambres ne sont guère nombreuses, de même que les lits destinés aux pensionnaires (2). Il est vraisemblable que cette institution ne recevait plus beaucoup de jeunes filles. Elles pouvaient aller depuis longtemps soit

(1) Renolleau (abbé C.-P.), *les Prisons des Sables-d'Olonne* (1789-1795).

(2) Pièce justificative n° 8. — Les renseignements qui précèdent, ainsi que ce document, proviennent également des archives de M. Edgard Bourloton.

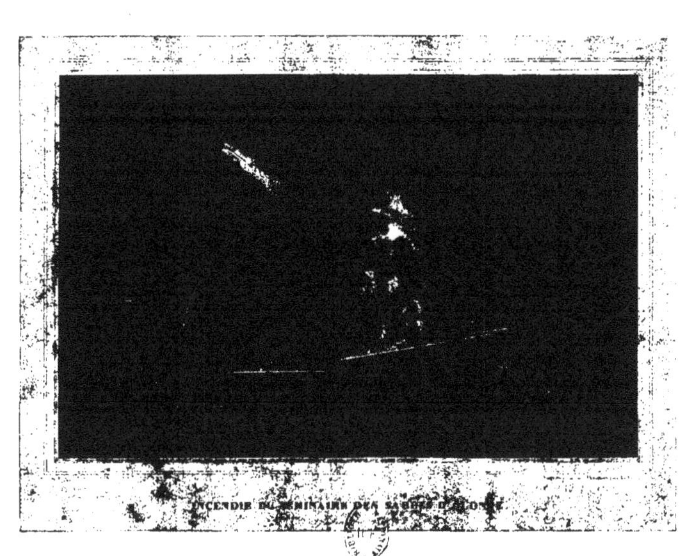

INCENDIE DU SÉMINAIRE DES SABLES-D'OLONNE

à l'Union-Chrétienne, de Luçon, soit au couvent de N.-D.-de-Bon-Secours (1), situé sur le port même des Sables.

Une semaine après, le 2 octobre 1792, au dire de Collinet, les religieuses se virent dans l'obligation d'abandonner le Prieuré et de se disperser (2). Depuis plusieurs années, mis en vente comme propriété Nationale, le Conseil Municipal des Sables avait décidé, par ses deux délibérations des 27 et 29 avril 1790, de s'en rendre acquéreur (3). Exécuta-t-il ce projet, ou l'Etat lui en fit-il simplement cadeau ? C'est ce que nous ne saurions décider pour le moment. En tout cas, on le transforma en hôpital militaire, pendant que dura la guerre de la Vendée. Un Collège d'enseignement secondaire lui succéda de 1805 à 1814.

En 1822, Mgr Soyer, dont le petit séminaire de Fontenay était en butte aux incessantes tracasseries du Recteur de l'Académie de Poitiers (4), le transporta aux Sables, dans les bâtiments de l'ancien collège. Les élèves furent, paraît-il, fort heureux de s'y installer sous la direction de l'abbé Menuet, supérieur plein de douceur et de mansuétude pour eux (5). Quelques années plus tard, le 27 décembre 1835, l'aile droite devint la proie d'un incendie. La flamme, poussée par le vent, allait complètement l'anéantir, quand subitement elle changea d'orientation, ce qui le sauva (6).

(1) Ce couvent aurait été fondé sur l'emplacement actuel des Douanes, par l'évêque Barillon en 1680. Il le confia aux religieuses de l'Union-Chrétienne, avec mission d'instruire les jeunes filles pauvres. (*Renaud. —Notes historiques sur la ville des Sables.*)

(2) Il appartient à M. Bourloton de nous dire ce que devinrent les religieuses sous la Révolution. Nous savons qu'il est très copieusement documenté pour mener à bien cette dernière partie de l'histoire du Prieuré de Sainte-Croix des Sables.

(3) Renolleau (abbé), *loc. cit.*

(4) Arch. S. Ant. Ouest, mns.

(5) Tressay (Chanoine du), *Vie de Mgr Boyer* (Paris, 1872).

(6) Planche n° 2.

Ce changement subit fut attribué à un miracle, car il survint au moment même où fut jeté dans le brasier le sceptre de la Vierge.

Sous la direction de l'abbé Dalin, des constructions nouvelles et très importantes furent ajoutées aux anciennes, ainsi qu'une chapelle construite sur l'emplacement d'un pré donné par une famille sablaise (1). Cet établissement continua de la sorte à servir de petit séminaire jusqu'au jour où maîtres et élèves durent se disperser par suite de l'application de la loi de séparation de l'Eglise et de l'Etat. Depuis 1907, ses vastes bâtiments sont vides et nul ne sait, du moins exactement, quel est le sort que l'avenir lui réserve.

(1) Ce furent les ancêtres de M. Remaud qui firent cette donation. Depuis quelques années cette chapelle est devenue sa propriété.

LISTE DES RELIGIEUSES

DU COUVENT DE SAINTE-CROIX AUX SABLES D'OLONNE

1640-1663. — Baconnois (Renée).
1684. — Bonnin (Gabrielle).
1787-1792. — Boutiron (Blandine-Victoire-Adélaïde) (1).
1647. — Boisson (Elisabeth).
1640-1642. — Brilhac (Catherine) de Nouzières.
1640. — Burcier (Suzanne).
1663. — Chasteigner (Françoise) (2).
1790. — Coujard (Louise) de la Riffaudière.
1720. — Dincamps (Marie-Radegonde).
1767-1785. — Dorion (Françoise) de la Boislivière (3).
1768-1797. — Dorion (Thérèse).
1640-1688. — Dubouchet (Renée) (4).
1767-1773. — Dumont (Jeanne).
1757-1787. — Dupuy (Catherine).
1778-1789. — Dupin (Dorothée).
1770-1789. — Fayeau (Marie-Madeleine).

(1) Fille d'Antoine Boutiron, éc., s[r] de la Liolière, et de Marie Roy, qui épousa en 2es noces André Audigier, ch., s[r] de St-Hilaire. Elle était entrée au couvent pour abjurer d'abord le protestantisme. (Arch. Vendée, H. 108.)
(2) Fille de Nicolas Chasteigner, s[r] de la Bloure. Passe son acte de religion le 24 novembre 1608. (Arch. Vienne, Sainte-Croix, H. 5.)
(3) Fille de Jean-Augustin Dorion, s[r] de la Gouinière, sénéchal de la baronnie de la Mothe-Achard, et de Thérèse Clériceau. (Arch. Vendée, H. 108.)
(4) Fille de Jacques Dubouchet, s[r] de Belligny. Entrée à Sainte-Croix de Poitiers, le 23 juin 1611. (Arch. Vienne, H. 5.)

1642. — Gaultreau (Louise).
1642-1648. — Giraudeau (Louise) (1).
1747-1761. — Godet (Suzanne).
1647. — Guarin (Madeleine).
1770-1792. — Guerry (Louise).
1642. — Guilbaud (Anne) (2).
1684. — Hercouet (Angélique) (3).
1768-1792. — Jaunet de la Bauduère (Benoite) (4).
1640-1643. — Laiguillier (Radegonde) de Pernan (5).
1633-1643. — Lamiré (Madeleine) de Boiscourcier (6).
1642. — Lemaye (Marie).
1664-1684. — Leblancq (Marie) (7).
1727. — L'Aubraie (Marie de) (8).
1724. — Magneau.
1684. — Mandret (Barbe).
1767. — Marchand (Marie-Anne) de la Mulnière.
1640-1648. — Martineau (Toussainte).
1642. — Martineau (Constance) (9).
1757. — Mercier (Marie-Catherine).

(1) Fille de Guy Giraudeau, sr de la Davière, sénéchal du comté des Olonnes, et de Madeleine Martineau. (Arch. Vendée, H. 108.)

(2) Fille d'Antoine Guilbaud, sr de la Gouynière, oncle d'Elisabeth Thomas, aussi religieuse à Sainte-Croix. (Arch. Vendée, H. 108.)

(3) Fille de Charles Hércouet, procureur à l'élection des Sables. (Arch. Vendée, H. 108.)

(4) Fille de Louis Jaunet, sr de la Bauduère, et de feue Thérèse Merlet. (Arch. Vendée, H. 108.)

(5) Fille de François Laiguillier, éc., sr de Pernan ou de la Ressonnière et d'Epernay, conseiller au Présidial, qui avait épousé Catherine Garnier de la Mortière. Entrée au monastère de Poitiers le 4 avril 1587. (Arch. Vienne, Sainte-Croix, H. 5.)

(6) Fille de Thomas de Lamiré. Elle entra à Sainte-Croix de Poitiers, le 23 juin 1615. (Arch. Vienne, Sainte-Croix, H. 5.)

(7) Fille de René Leblancq, sr de la Bourie, bourgeois, et d'Hellaine Pommeraye de l'Ile-d'Olonne. (Arch. Vendée, H. 108.)

(8) Appartenait à la famille Perotteau de l'Aubraie.

(9) Fille de Denis Martineau, procureur du Roi en l'élection des Sables. (Arch. Vienne, Sainte-Croix, H. 95.)

1767. — Mercier (Dorothée).
1720. — Mesteron ou Mestayron (Jacquette).
1787-1792. — Mornet (Marie).
1724. — Miraillet (Louise de).
1778-1792. — Morisson (Marie) de la Nolière.
1640. — Moyseau (Anne).
1684. — Moyseau (Barbe).
1663. — Moyseau (Louise) (1).
1767-1789. — Martineau (Anne-Marie) de la Nolière.
1757-1789. — Nicolon (Claire).
1761. — Nicolon (Angélique).
1757-1789. — Nicolon (Louise) de la Rochette.
1778-1789. — Nobiron (Madeleine-Louise-Catherine) de Marigny.
1789. — Perrocheau (Marguerite) (2).
1724-1727. — Petiot (Marie) (3).
1647-1684. — Pineau (Jacquette).
1640. — Pommeraye (Marie).
1640-1664. — Pommeraye (Charité) (4).
1647-1684. — Pommeraye (Isabeau) (5).
1642. — Pommeraye (Renée).
1640-1642. — Roquellet (Perrine).
1640. — Roboam (Marie).
1640-1642. — Roboam (Charlotte).
1757-1789. — Robert (Augustine-Julie-Henriette) de Lézardière des Villattes (6).

(1) Fille de René Moyseau, s[r] de la Louatière, et de Catherine Pineau, qui épousa en 2es noces René Leblancq, s[r] de la Bourie. (Arch. Vendée, H. 108.)

(2) Fille de Jacques Perrocheau, menuisier à la Chaume, et de Marie Tribert. (Arch. Vendée, H. 108.)

(3) Fille de Pierre Petiot, bourgeois, et de Marie Bouron. (Arch. Vendée, H. 108.)

(4) Fille de Jean Pommeraye, s[r] de la Gistardière, et de Marie Guillochon. (Arch. Vendée, H. 108.)

(5) Sœur de la précédente. (Arch. Vendée, H. 108.)

(6) Fille de Claude-Robert de Lézardière, ch., s[r] de la Salle-Lézardière, et de Françoise Bouhier de la Verrie. (Arch. Vendée, H. 108.)

1767-1789. — Robert (Marie-Thérèse) de la Proustière.
1767-1785. — Robert (Marie-Henriette) de la Salle-Lézardière.
1767. — Robert (Madeleine) de la Salle-Lézardière.
1789. — Robert (Catherine) de la Salle-Lézardière.
1720. — Rorthais (Ozanne) de Monbail.
1727. — Rorthais (Louise) de Monbail.
1727. — Rorthais (Louise) de la Suze.
1727. — Rochais (du).
1784-1787. — Rouillé (Marguerite) (1).
1720-1757. — Robert-Leroux (Marie) de la Corbinière.
1640. — Roy (Hellène).
1648-1684. — Roy (Jeanne).
1642-1684. — Ruchaud (Nicolle) (2).
1643. — Sallou (Françoise de) (3).
1640-1665. — Texier (Anne) (4).
1720-1724. — Thevenin (Marguerite) de la Salidière.
1640-1648. — Thomas (Elisabeth).
1633-1648. — Thomazeau (Michelle) (5).
1776-1792. — Tortereau (Louise).
1640-1684. — Vidard (Madeleine) (6).

(1) Fille de Charles-François Rouillé, ancien greffier de l'Amirauté du Poitou, et de Suzanne David. (Arch. Vendée, H. 108.)

(2) Fille de Simon Ruchaud, receveur de Sainte-Croix. (Arch. Vendée, H. 108.)

(3) Fille de Barthelemy Sallou, sr de la Bougetière, et de Marie Jeanne, qui épousa en 2es noces Pierre Lahère, sr de la Brumère. (Arch. Vendée, H. 108.)

(4) Fille de Jean Guyault-Texier et de Catherine Coustière, de Poitiers. (*Arch. hist. du Poitou*, t. XV.)

(5) Appartenait à une famille des Sables.

(6) Les Vidard ou Vuidard étaient chirurgiens aux Sables dans la première moitié du xviie siècle. (Reg. paroissiaux.)

PIÈCES JUSTIFICATIVES

PIÈCE JUSTIFICATIVE N° 1

Procuration donnée par Flandrine de Nassau à Catherine de la Tremouille, sa nièce, pour établir un Prieuré de son ordre aux Sables d'Olonne.

(Minutes de Pommeraye, notre à Poitiers.)

Sachent tous que pardevant les Notaires Gardenottes du Roy Nre sire soubz la cour du scel estably aux contractz à Poictiers soubzncz fut présente en sa personne establie et dheument soubzmise très haulte et très Illustre princesse et très Reverende et Relligieuse dame Madame Charlotte Flandrine de Nassau, par la permission divine Abbesse du royal Monastère de saincte-Croix de cette ville de Poictiers et y demeurant, laquelle taut pour elle que pour les autres Reverendes dames Relligieuses dud. Monastere, A de sa bonne vollonté faict, nommé et constitué sa procuratrice generalle et specialiement pouvoir de substituer très-illustre dame Madame sœur Catherine de la Tremouille sa coadjutrice, a laquelle Elle a donné plain pouvoir puissance octoritté et mandement spécial d'establir pour et en son nom et desd. Reverendes Dames Relligieuses soubz le bon plaisir de Monseigneur le Reverend Evesque de Luçon, un prieuré de Relligieuses de l'ordre de St Benoist ainsy qu'il est observé en led. Monastere royal de Saincte-Croix, au bourg des Sables en Ollonne. A la charge et condition touttefois et non aultrement que led. prieuré ainsy estably qu'il sera, soit et demeure perpétuellement et a jamais despendant dud. Monastere de Saincte-Croix et dans la provision et plaine collation de lad. dame Reverende Abbesse constituante et de ses fultures successeresses Abbesses et Relligieuses d'icelluy pour estre en cas de vacance dud. prieuré, soit par Nous changement de prieuré ou aultrement pourveu a lad. place de pricure dud. prieuré de telle relligieuse que lad. dame constituante et sesd. successeresses vouldront eslire et choisir, lesquelles de troys en troys ans ou de six en six changeront, ou confirmeront lad. prieure pour tel temps qu'il leur plaira. Et laquelle dicte prieure elles pourront prendre ou choisir soit entre les Relligieuses dud. Monastere de Saincte-Croix ou celles dud. prieuré, ainsy qu'elles jugeront plus a propos pour le bien dud. prieuré. Et aussy, que lad. Dame constituante et sesdictes successeresses pourront evocquer ou appeller en leurdict Monastere les Relligieuses dud. prieuré quand bon leur semblera puy en envoyer d'aultres en gardant neantmoins l'egallité des pensions et des aultres commodittez temporelles. Et encore, moyennant que lad. prieure recepvra les professions des novices comme tenant lieu et place de lad. très Reverende Dame constituante et de ses successeresses abbesses de Saincte-Croix lesquelles seront nommées dans les actes de profession, sans que, pour quelque occasion et cause que ce soit, led. prieuré ores ne pour l'advenir puisse estre deschargé ni distraict de lad. dependance. Et a cet effect et pour l'establissement dud. prieuré traicte de place et lieu a ce propre et convenable et icelluy prendre a tiltre de ferme seullement quand a present pour tel temps qu'il sera jugé estre a propos par lad. Dame procuratrice. A laquelle par ailleurs lad. Très Reverende Dame constituante a donné pouvoir après led. establissement faict, de recepvoir tel nombre de filles pour prendre le voille et estre Relligieuses aud. prieuré, soit en quallité de filles de chœur ou de sœurs layes a telles charges et conditions légitimes qu'elle jugera estre pour le mieux et pour le plus grand bien dud. prieuré. Et leur en passer et consentir tous contractz et actes a ce requis et nécessaires. Et générallement en tout ce que dessus et qui en dépend faire pour et au nom de lad. Dame constituante ce qu'elle feroit, ou faire pourroit sy presente et en sa personne y estoit juçoit que Mandement plus spécial y fust requis. Promettant avoir aggréable ce que sur ce sera par ladicte Dame coadjutrice faict, geré et negocié, soubz l'obligation et hyppotheque du revenu temporel dudict Monastere, dont de son consentement, vollonté et requeste elle a esté jugée et condampnée par le jugement et condampnation de lad. cour, a la jurisdiction de laquelle elle s'est supposée et soubzmise quand a ce Faict et passé audict Poictiers a la grille du parlouer dud. Monastere de Saincte-Croix le dixneufviesme jour de novembre appres midy, Mil-six-cens trente et ung.

Charlotte Flandrine de Nassau

Royer Nore Pommeraye Nore

PIÈCE JUSTIFICATIVE No 2

Autorisation accordée par l'Évêque de Luçon pour la fondation du Prieuré des Sables d'Olonne.

(Arch. Vienne, H. 95.)

« Emery de Bragelogue par la grâce de Dieu et du Saint Siege Evesque et Baron de Luçon a tous ceux qui ces présentes lettres verront SALUT. Veue la requeste a nous présentée par les dames Abbesse, Coadjutrice, prieure et relligieuses de l'abbaye de Saincte Croix de Poictiers, ordre de Sainct Benoist, signée Charlotte Flandrine de Nasseau, Catherine de la Tremoille, sœur Claire de Fabry, sœur Marie des Francs et Jeanne Gabriau, par laquelle elles nous exposent avoir esté a diverses fois requises et recherchées, tant par les principaux habitans des Sables d'Ollonne qu'aultres personnes quallfiées des lieux circumvoisins, de l'establissement et fondation d'ung prieuré et monastère de leur regle audit lieu des Sables. A quoy elles ne se seroient du commencement portées ny voyant le temps propre ny les affaires disposées non plus que ung fond suffisant pour en porter les charges, lequel s'estant dudespuis rencontré les mesmes prieres réiterées, auroyent jugé ne deuvoir refuser plus long temps le consentement par eux désiré en led. establissement dud. Prieuré soubz nostre adveu et permission pour estre led. Prieuré estably, quil sera deppendant de ladicte Abbaye de Saincte Croix et en la collation des Abbesses d'icelle. Aultre requeste présentée à pareilles fins par les Curé, Prestres et habitans de lad. ville des Sables d'Ollonne, signée de grand nombre d'iceulx habitans. La procuration generalle et spécialle donnée par ladite dame de Nasseau abbesse aux susdictes fins a la dicte dame de la Tremoille sa coadjutrice qui nous auroit présenté lad. requeste desdictes Relligieuses, icelle procuration dattée du dixneufviesme jour de novembre dernier signée Royer nore royal et Pommeray aisné nore Royal aud. Poictiers. Portant pouvoir a lad. Catherine de la Tremoille coadjutrice d'establir led. Prieuré audict. lieu des Sables. Nous inclinants auxd. requestes et ne désirants desniers ausd. dames Relligieuses et habitans des Sables, le contentement par eux requis. Avons accordé et accordons par ces présentes ausd. dames Abbesse, la coadjutrice et relligieuses dud. couvent et abbaye de Saincte Croix de Poictiers de fonder aud. lieu des Sables d'Ollonne un Prieuré et couvent de leur ordre et reigle de sainct Benoist, avec pouvoir d'y recepvoir et admettre nombre de relligieuses que besoin sera et dy en envoyer aussy de lad. abbaye, celles quelles jugeront nécessaires, a la charge toutesfois quelles y porteront leurs pensions ordinaires pour leur entretien et nourriture. Et que pareille jurisdiction nous demeurera sur led. Prieuré quil a Monsieur l'Evesque de Poictiers sur led. couvent et abbaye de Saincte Croix. Et oultre, que les prieures qui y seront mises par lad. Abbesse et ses successoresses ne pourront entrer dans les fonctions de leurs charges qu'au preallable elles n'ayent esté trouvées capables et approuvées de nous et de nos futurs successeurs. Evesques ou en nos absences, de nos Grands vicaires. Soubz lesquelles causes et consditions accordons et authorisons led. establissement, qui aultrement demeurera nul et de nul effect. Donné a Luçon soubz nos seing manuel et scel de nos armes et seing de notre Secrettaire en nostre Palais épiscopal le vingt troisiesme jour du mois de janvier, mil six cens trente deux. Signé Emery de Bragelongue evesque de Luçon Par mod. Seigneur. Brochart secretaire.

PIÈCE JUSTIFICATIVE N° 3

Acte de soumission des religieuses de Sainte-Croix des Sables à l'abbesse de Sainte-Croix de Poitiers.

Madame la très haulte et très illustre princesse et très reverende et tres relligieuse dame madame Charlotte Flandrine de Nasseau, princesse en Orange abbesse du Royal monastère de Saincte Croix de Poictiers

Supplient humblement les Prieure Relligieuses et couvent de vostre Prieuré de Saincte Croix des Sables d'Olonne, et vous remonstrent Madame, qu'après avoir rendu grâces à Dieu et adoré ses Providences qui ont ordonné leur establissement, il est encore de leur debvoir de recognoistre les causes secondes dont Dieu s'est servy pour conduire et mettre a chef le dessein dud. establissement. Et, comme ainsy soit que vous Madame en ayez fornie le premier projet par l'advis et bon conseil de Madame Catherine de la Trémoille votre coadjutrice, ensemble des prieures relligieuses et couvent de lad. abbaye de Ste Croix. Projet que vous avez tellement suivy et poursuivy que nous recognoissons que par vos ordres et a vos frays et despens, la maison que nous occupons a esté bastie et fondée à l'usage d'une communauté relligieuse. Que vous avez employé plus de trente mille livres, sans y comprendre la charpente employée aud. bastiment, que nous reconnoissons, nostre très chère dame abbesse et supérieure avoir esté en vostre seulle faveur priere et requeste donnée à la [prieure par présent] de vostre très cher et bien aimé frère le comte Henry de Nasseau [prince en Orange] qui a faict venir led. boys de charpente par mer du pays de D'Annemarch, et, icelluy faict rendre conduire et descharger jusques aud. Prieuré, le tout a ses cousts et despens et sans qu'il ait voullu permettre qu'il en couste aultre chose aud. Prieuré dont néantmoings vous n'avez jamais espéré ne demander aucune récompense que l'honneur et le droict de fondation presentation et collation et ensuitte une deppendance perpétuelle, à laquelle vous avez tousjours entendu nous voulloir assubjectir envers vous et vos successoresses abbesses de vostre abbaye ce qui est d'autant plus raisonnable qu'oultre que c'est la condition et la loix de nostre establissement. Il est d'ailleurs bien juste que nous recognoissions que vous estes nostre bonne mère fondatrice, présentatrice, collateur et superieure dud. Prieuré. Et que le mémorial de nos recognoissances instruise à l'avenir celles qui nous succèderont ce qui nous oblige de vous requérir très humblement Madame, qu'il vous plaise advouer pour vos filles relligieuses et très humbles servantes les suppliantes et toutes celles qui feront à l'advenir leurs vœux dans vostre Prieuré des Sables, soubz vostre dicte aucthorité et vos successoresses abbesses dud. monastère de Ste Croix. Agréer et accepter les submissions quelles vous doibvent et les protestations solennelles qu'elles font, tant pour elles que pour celles qui viendront après elles des vous recognoistre [toujours] pour leur abbesse, fondatrice,..... et supérieure, et tenir en tout temps et à perpétuité led. Prieuré dans une absolue deppendance de vostre dicte abbaye et de vos vollontez et de celles qui vous succèderont et aux aultres charges clauses et conditions portées par l'acte de présentation par vous faicte dud. Prieuré a sœur Magdeleine de Ladmiré de Boiscourcier faicte à présent prieure dud. Prieuré et la première par vous reconnue d'icelluy en datte, led. acte, du septième jour d'aoust mil six cens trente et deux et de vous signé, et sur le reply d'icelluy par vostre commandement Diotte vostre secrettaire. Osent les suppliantes espérer de vos grâces, Madame, qu'en considération de ceste deppendance et à la charge d'icelle, vous leur remetterez et tiendrez quittes leur Communaulté tant de la somme de trente mille livres que vous avez desbourcé tant pour l'establissement de vostre dict Prieuré des Sables que bastiments d'icelluy; que pareillement aussy dud. don que vous avez faict par mond. seigneur le prince d'Orange vostre très honoré frère. Quoy faisant vous attirez sur vous les bénédictions du ciel et obligerez detant plus les suppl^tes^ a prier Dieu pour vostre prospérité et santé. Ainsy signé : Sœur Magdeleine de Lamiré, sœur Renée Dubouchet, sœur Radegonde Laguillier, sœur Michelle Thomazeau, sœur Elisabeth Pommeraye, sœur Anne Moyseau, sœur Jacquette Pinneau, sœur Renée Baconnois, sœur Toussainte Martineau, sœur Catherine Brilhac, sœur Hillaire Roy.... sœur Vidard, sœur Charité Pommeraye, Elisabeth Thomas, sœur Marie Pommmeraye, ... Giraudeau, sœur Suzanne Bursier, sœur Marie Roboam, sœur Perrine Roquellet, sœur Louise Gautereau, sœur Charlotte Roboam.

(Copie vidimus du 21 mai 1643 faite par Barraud nor.)

PIÈCE JUSTIFICATIVE No 7

Etat de la communauté des religieuses Bénédictines de Ste-Croix des Sables pour être présenté à MM. du département de la Vendée.

(Pièce communiquée par M. E. Bourloton.)

Cette communauté est composée de seize religieuses et d'une sœur converse. Voici leurs noms, âge et date de profession :

Sr Augustine Robert des Villates, Prieure, âgée de 55 ans, a fait profession le 3 septembre 1758.

Sr Catherine de la Salle, âgée de 64 ans. Professe le 30 juillet 1789.

Sr Marie de la Proutière, âgée de 59 ans. Professe le 8 février 1753.

Sr Marie de Lézardière, âgée de 58 ans. Professe le 3 septembre 1758.

Sr Dorothée Dupin, âgée de 54 ans. Professe le 29 décembre 1768.

Sr Benoite Jaunet de la Bauduere, âgée de 43 ans. Professe le 29 décembre 1768.

Sr Thérèse Dorion, âgée de 43 ans. Professe le 29 décembre 1768.

Sr Louise Guéry, âgée de 41 ans. Professe le 12 mars 1770.

Sr Marie Fayau, âgée de 44 ans. Professe le 21 août 1770.

Sr Louise Tortereau, âgée de 34 ans. Professe le 6 novembre 1776.

Sr Marie Morisson de la Nolière, âgée de 34 ans. Professe le 5 mai 1778.

Sr Madeleine Nobiron de Marigny, âgée de 40 ans. Professe le 5 may 1778.

Sr Margueritte Rouillé, âgée de 37 ans. Professe le 30 novembre 1784.

Sr Marie Mornet, âgée de 22 ans. Professe le premier may 1787.

Sr Adélaïde Boutiron, âgée de 23 ans. Professe le 14 novembre 1787.

Sr Marguerite Perochaud, âgée de 23 ans. Professe le 22 may 1789.

Sr Louise Epund, s[r] converse, âgée de 59 ans. Professe du 25 février 1754.

Etat des revenus.

Premièrement des biens fonds.

La borderie de Belair, joignant a notre renclos, est un achat fait enciennement par la fabrique. On en a tous les papiers. Nous en avons trouvé de ferme 550 l......... cy. 550 l.

La borderie de la Jarilière, paroisse du Château. C'est un don et fondation faite par la dame Maudrait. La charge d'une messe chantée chaque année. Nous n'avons de papier à ce sujet que la quittance de main-morte de M. le marquis de Royan du 29 septembre 1687. Estimée valoir par an... 150 l.

Nous avons dans les marais de Lisle (1) 120 aires de Marais. C'est un bien immémorial de cette maison dont nous n'avons aucuns papiers, qu'on dit être dans le trézor du comté. Ils sont affermés.......................... 270 l.

Rente foncière de 12 l. par an, payable le 22 avril, affec-

(1) Ile d'Olonne, près des Sables.

tée sur des particuliers à Poitiers (1). La ditte rente créée par contrat le 18 avril 1736 par Louis Sapin Marchand... 12 l.

Plus un pré touchant notre enclos, affermé par le passé. 80 l.

Total............. 1.062 l.

Rentes constituées.

Rente constituée le 19 avril 1720 de 2.000 l. au principal, par demoiselle Louise-Jeanne de Rorthais de St Reverand, passé devant David et son collègue, notaires aux Sables, le 9 janvier 1720. La dite rente reconnue par ses héritiers. Acte passé par Blay et ses colegues, notaires royaux aux Sables, le 19 avril 1786................. cy. 100 l.

Rente constituée de 100 l. au capital de 200 l. le 21 juin 1745, consentie par dame Marie Renée Renfrais v^e^ de M. Armand de Rux (Crux) (2) marquis et seigneur de Montaigu, au rapport de Gueneau notaire royal. Nous avons un titre nouveau du 16 janvier 1779 par M. le Baron de Lézardière héritier en partie de la dite dame de Renfrais, cy... 100 l.

Rente constituée de 1.000 l. au capital de 2.000 l. consentie par l'Abbaye de Ste-Croix de Poitiers, au raport de Thomazeau notaire royal, controllée aux Sables, le premier février. Le dit contrat, en date du 31 janvier 1761, et la rente payable le 30 du même mois, cy................. 100 l.

Rente de 100 l. au principal de 2.000 l. sur les Bernar-

(1) Cette rente était établie sur une maison, rue de la Tranchée, à Poitiers. (Arch. Vendée, H. 108.) En 1706, les héritiers Dubourg qui la possédaient furent condamnés à payer 28 années d'arrérages.

(2) Le marquis Armand-Gabriel de Crux, baron de Montaigu. (Baronnie érigée en marquisat en 1699. (*Arch. Vienne, Gref. civil du Présidial.*) Il avait épousé en premières noces Marie-Angélique Turpin de Crissé et en secondes, le 9 décembre 1739, Marie-Renée Raufray, fille de Raoul, ch., s^r^ du Fief, et de Anne-Marie de la Salle-Lézardière. Le 8 juillet 1780, Louis-Jacques-Gilbert de Lézardière, son neveu, marié à Marie-Jeanne-Charlotte Babaud de la Chaussade, fut condamné à rembourser la somme de 6.000 l. aux Bénédictines. (Arch. Vendée, H. 108.)

dins de l'abbaye de l'Etoile (1) par acte notarié, à Poitiers le 3 avril 1789, cy.. 100 l.

Rente constituée de 4.000 l. au principal, sur les religieuses hospitalières de Niort, consentie par Mr Vesault (Vetault) de la Jubodière fils, maître Architecte de la ville de Poitiers, comme fondé de procuration par les dites dames hospitalières du premier avril 1786, cy.......... 200 l.

Cette rente est une somme donnée à la charge de payer à la vie de Mlle Obelain organiste 150 l. par an.

Rente constituée de 2.000 l. au principal consentie par MM. de l'Abbaye royale de Bonneveau, près Poitiers. Contrôlé à Poitiers le 16 juillet 1787, cy.................. 100 l.

Total................ 700 l.

Rentes constituées.

Rente de 600 l. au principal de 12.000 l. pour les dots de mes sœurs Tortereau et Nolière, constituée par M. le Baron de Lézardière et dame Babaud son épouse, par billet sous signature privée, en date du 2 novembre 1778. La dite rente payable en trois termes, savoir 125 l. au 22 mars. — Au 8 juillet 275 l. — Au 6 août 200 l., cy........... 600 l.

Rentes constituées et dotalles pour ma Sr de la Sales, de 200 l. Au principal de 4.000 l., par les religieuses hospitalières de Niort, consentie par Devêstault (Vetault) de la Jabodière, fils, maître architecte de la ville de Poitiers, fondé de procuration par les dites dames, le 8 février 1786, cy.. 200 l.

Rente dotalle pour ma Sr Mornet de 200 l. au principal de 4.000 l. sur les dames hospitalières de Niort, consenties par le même que cy-dessus, le 23 décbre 1786....... 200 l.

Rente dotalle pour ma Sr Mornet de 100 l., au capital de 2.000 l. consenty par Mrs de l'Abbaye de Notre-Dame-du-Pin, ordre de Citeaux, près Poitiers, contrôlé à Poitiers le

(1) Etoile (l'), commune d'Archigny (Vienne) : ancienne Abbaye de l'ordre de Citeaux fondée en 1124 (Redet).

16 juillet 1787 .... 100 l.

Rente dotalle pour ma sœur Nobiron de Marigny, de 6.000 l. aux arrérages de 300 l. par un billet de prest, portant intérêts dûes par les sieurs et dames de Lézardière, en vertu de la sentence rendue à Talmont le 29 juillet 1780 .... 300 l.

Rente dotalle pour la dote de ma sœur Boutiron de 5.000 l. au principal, consentie par Mad^{me} de Bourbon-Busset abbesse de Sainte-Croix de Poitiers (1) et par son abaye, par billet sous signature privée et acte capitulaire du 14 décembre 1787 .... 250 l.

Les nécessités où nous nous sommes trouvées pour la retenue de nos rentes et pour payer nos dettes nous ont obligé de consommer 3.000 l. de la dote de ma sœur Perochaud, qui aurait produit 150 l. de rente et en rente viagère 300 l. Nous pensons que nous devons mettre ceci au nombre des revenus des dotes, pour assurer à ma sœur Perochaud une pension et pour l'acquis de la communauté, puisque l'état, en s'emparant de ses biens, doit acquitter ses dettes, cy .... 150 l.

Total des revenus des rentes dotalles constituées..... 1.800 l.

Rentes viagères et dotalles payées par les parents des religieuses.

Sr Augustine des Villates, prieure, touche annuellement de pension .... 150 l.

Sr Marie-Thérèse de la Proutière .... 150 l.

Sr Marie-Henriette de Lézardière .... 150 l.

Sr Théraize Dorion .... 200 l.

Sr Benoite Jaunette (Jaunet) de la Bauduère .... 200 l.

Sr Dorothée Dupin .... 200 l.

Sr Louise Guerry .... 150 l.

Sr Marie Fayau .... 200 l.

(1) Louise-Claudine de Bourbon-Busset remplaça Anne-Marie d'Escars comme Abbesse, en 1779. Elle mourut le 7 octobre 1788.

Sr Marguerite Rouillé.............................. 200 l.

La datte de chacune des pensions viagères est celle de leurs professions.

Total............. 1.600 l.

Récapitulation des revenus.

Biens et rentes foncières.......................... 1.062 l.
Rentes constituées................................. 700 l.
Rentes dotales constituées......................... 1.800 l.
Rentes dotales, naguères payées par les parents...... 1.600 l.

En tout............ 5.160 l.

Les charges pour l'entretien de la maison une année portant l'autre.. 500 l.
Entretien de la sacristie........................... 300 l.
A Mlle Oberlain pour le don qui a été fait pour elle.... 150 l.

Total............ 950 l.

Le montant des revenus étant de.................. 5.160 l.

Reste.......... 4.210 l.

Compte de la retenue des rentes.

Mais loin que le revenu de l'anné 1790 de notre maison soit monté à 5.160 l., il a été diminué de 1.155 l. par les retenues et impôts et la diminution des produits des Borderies, l'année ayant été très mauvaise, ce qui a réduit le revenu à 4.007 l. sans diminuer les charges. En voici le détail :

Le produit des Borderies, qui est porté sur le pied de 700 l., a été cette année de 556 l., cy (diminution de).... 144 l.

Deux arrérages de l'abbaye de l'Etoille échus du 30 avril 1790, cy.. 200 l.

De l'abbaye du Pin, échue du 16 juillet 1790, cy...... 100 l.

De l'abbaye de Bonneveaux échu du 16 juillet 1790, cy. 100 l.

Des dames hospitalières de Niort. Terme échu du 23 septembre, cy.. 200 l.

De l'abbaye de Sainte-Croix. Echéance du 14 décembre, cy.. 250 l.

Impôts.. 161 l.

Total.......... 1.155 l.

De l'année 1791, il est retenu de nos rentes :

Du 3 avril, sur l'abbaye de l'Etoille.................. 100 l.

Du 16 juillet, sur l'abbaye du Pin.................... 100 l.

Du 16 juillet, sur l'abbaye de Bonneveaux........... 100 l.

Du 8 février et du 1er avril, sur les dames hospitalières de Niort.. 400 l.

Du 22 avril, sur l'abbaye Ste Croix de Poitiers........ 12 l.

Fait....... 712 l.

Nous avons des certificats de ces retenues.

Nous prions MM. du département de vouloir bien fixer le plustôt possible nos pensions, n'ayant reçu dans toute cette année que 1.000 l. et nous devrions avoir reçu, selon les décrets, trois quartiers des pensions adjugées par la Nation.

Nous certifions le présent mémoire véritable. En foi de quoi nous avons signé, le 26 juillet 1791.

Signé à l'original. Sr *Devislatte prieure.* Sr *Thérèze Robert économe.*

PIÈCE JUSTIFICATIVE N° 8

Inventaire du mobilier de Ste-Croix des Sables d'Olonne.

(Document copié aux Archives municipales des Sables, communiqué par M. Bourloton.)

Le 25 septembre 1792, les Commissaires nommés par le Conseil général de la commune des Sables d'Olonne, les sieurs Pierre-Jean-Chrysostôme Gaudin, maire, et David-Pierre Corbier, notable, accompagnés du sieur C. P. Rouillé, procureur de la commune, et assistés de Louis-François Palvadeau, secrétaire-greffier de la municipalité, se présentèrent sur les dix heures du matin à la Maison des Dames ci-devant religieuses de l'ordre de St Benoit, pour l'exécution de la loi du 16 août précédent. Ils furent reçus dans la salle du chauffoir. Sa première vacation fut consacrée à l'inscription des noms, âges et dates de profession des dites religieuses.

Et advenant le même jour, à deux heures de relevée, ils continuent ainsi qu'il suit leur opération en présence des Mères dames.

1° Ayant donné lecture aux dames religieuses et sœurs converses de l'art. XII de la loi du 16 août dernier, qui leur accorde le mobilier de leurs chambres et des effets à leur usage personnel, ensemble des réponses du Directoire du Département, en date du 22 de ce mois qui permettent à chaque religieuse d'emporter chacune, trois paires de draps et deux douzaines de serviettes; nous Commissaires susdits, après avoir préalablement vérifié l'état des meubles et effets dans chaque cellule et reçu de chaque religieuse et sœur converse, en particulier, le serment que chacune de leurs cellules ne contient que des effets servant à un usage personnel, avons permis à chaque religieuse et sœur converse d'emporter les meubles et effet que contiennent leurs cellules et en même temps, chacune trois paires de draps et deux douzaines de serviettes.

2° Nous étant ensuite transportés à la Bibliothèque, et après avoir reçu le serment de Me Robert, prieure, que tous les livres appartenant à la communauté y sont actuellement renfermés, nous en avons fermé la porte, remis la clef au Secrétaire-greffier et posé sur l'ouverture de la serrure une bande transversale avec l'empreinte aux deux extrémités, du cachet de la mairie.

Avons ensuite, en vertu de notre commission, procédé à l'inventaire des meubles et effets de ladite communauté, autres que ceux accordés ci-dessus aux religieuses.

1° Sommes entrés dans une chambre dite l'infirmerie où nous avons trouvé, deux lits complets, deux fauteuils, quatre tables, quatre chaises, un petit autel et une armoire vide;

2° Sommes passés dans une chambre à côté, dite la cuisine

de l'infirmerie, où nous avons trouvé une garniture de cheminée complète, 5 chaises, 2 tables, un garde-manger avec un cabinet au-dessous, un buffet à 4 portes. Tous ces meubles ne contenaient que quelques bouteilles, quelques plats et pots de terre ;

3° De là, dans deux petits cabinets se joignant au bout de l'infirmerie et en face de la porte principale d'entrée où nous avons trouvé une baignoire de fer, 3 chaises, un petit cabinet, 2 mauvais coffres, un moulin à café.

4° Nous avons ensuite monté à une chambre occupée par Mlle Robert-la-Verrie en qualité de pensionnaire, où nous avons trouvé un lit à baldaquin complet, deux tables, une armoire pratiquée dans la boiserie de la chambre. Tous lesdits meubles contenant les effets appartenant à Mlle Robert-la-Verrie ;

5° Dans un cabinet et un grenier a côté de lad. chambre et se joignant, nous avons trouvé un lit, et, dans le grenier, une table et un bois de lit ;

6° Nous étant ensuite transportés dans une chambre dite le *Pensionnat*, nous y avons trouvé quatre bois de lit, rideaux, toiles et paillasses, courtes-pointes et trois traversins ;

7° Dans une chambre à côté servant aussi de pensionnat, 3 bois de lit, 9 couvertures, etc. ;

8° Dans une autre chambre servant également de pensionnat, un lit complet, un autre lit complet, une presse, etc. ;

9° Dans une autre chambre servant de même de pensionnat, 2 lits complets, et dans 2 greniers y joignant ; un bois de lit avec rideaux et quatre autres bois de lit sans rideaux ;

10° De là, nous sommes passés dans la classe des pensionnaires où il s'est trouvé une grande table longue et 3 cabinets ;

11° Nous étant ensuite transportés dans les cellules non occupées, y avons trouvé dans la première, 2 lits complets, 4 chaises, une table, un prie-Dieu. — Dans la deuxième, id. — Dans la troisième, un lit avec un matelas sans couete et une table ;

12° Sortis des cellules, nous avons trouvé dans l'intérieur du dortoir ou toutes les cellules ont leur porte d'entrée, 12 coffres et quatre petits cabinets ;

13° De là, nous sommes descendus à la cuisine où il s'est trouvé un feu complet, avec tourne-broche garni, 5 chaises, poèles, chaudrons, casseroles, lèchefrites, marmites, etc. ;

14° Dans l'office, le moulin à farine sans toile, plusieurs armoires, une maie à pétrir (sic), des balances en bois avec un fléau en fer et plusieurs poids ;

15° Nous étant transportés à la cave, nous y avons trouvé 43 barriques vides ;

16° Dans la salle du Chapitre, un petit autel, 5 tableaux, un prie-Dieu, 1 pupitre, des stalles à l'entour de ladite salle ;

17° Dans une salle appelée le Commun, une grande table, 4 autres petites, 2 chaises, une grande armoire à deux portes, contenant tout le linge de la communauté, dont nous avons fermé la porte et y apposé les scellés ;

18° A la boulangerie, deux ponnes à lessive en terre, une table et un cabinet ;

19° De là, nous sommes descendus à l'église et aux bâtiments adjoints, nommés chœur des religieuses, nef de l'église, sacristie de l'intérieur, sacristie de l'extérieur. Dans le chœur des religieuses qui est garni de deux rangs de stales et boisé tout autour, avec 5 tableaux peints sur bois et encastrés dans la boiserie, 2 petits autels garnis. Dans la nef de l'église, l'autel avec un tabernacle dans lequel les religieuses nous ont dit qu'était enfermé le St Ciboire massif en argent, un petit autel dans une chapelle, trois confessionnaux, une chaire servant à prêcher, trois tableaux, et, au milieu, une lampe massive en argent suspendue par un cordon. Dans la sacristie de l'extérieur, 4 chaises, 1 fauteuil, 1 prie-Dieu, 1 table avec tapis, 1 placard dans le mur, une fontaine. — Dans la sacristie de l'intérieur, une armoire à trois portes, fermant à deux serrures, dans laquelle sont tous les ornements de l'église, et sur laquelle nous avons apposé les scellés, plus un grand coffre contenant encore des effets d'église ; plus un petit meuble sur lequel nous avons aussi mis les scellés ;

20° Etant ensuite montés au clocher, nous y avons trouvé deux cloches, une horloge avec ses cordes et poids ;

21° Etant ensuite montés dans le lieu de notre séance de ce matin, appelé le chauffoir, nous y avons trouvé, 4 tables, 3 cadres,

21 chaises, un fauteuil, et un feu de cheminée complet. Puis la Prieure nous a remis 13 couverts massifs en argent, 3 cuillers également massives en argent, 5 fourchettes, aussi en argent, et une petite croix massive en argent qui contenoit une parcelle de la Sainte-Croix ;

Et attendu qu'il est 7 heures du soir, la continuation de notre commission a été remise à demain 2 heures de relevée.

Et advenant aujourd'hui 26 septembre, avons procédé ainsi qu'il suit :

1° Nous étant transportés à une petite chapelle dite de Notre-Dame de Lorette, dans l'enclos de ladite maison, y avons trouvé un petit autel et plusieurs statues en plâtre ;

2° Nous sommes ensuite descendus au bûchetier, où ne s'est trouvé que du bois de chauffage ;

3° Nous étant transportés à la maison dite de l'Aumônerie, y avons trouvé un lit complet, 7 chaises, un cabinet à une porte, une table, une paire de chenêts.

Les dames religieuss ensuite interpellées par nous ont affirmé que les meubles inventoriés étaient les seuls appartenant à la communauté. Elles se sont chargées de la garde desd. meubles jusqu'à leur sortie de la maison et se sont obligées de prévenir la municipalité du jour de leur évacuation.

Fait, clos et arrêté lesdits jours et an que dessus, et nous avons soussigné ainsi que lesdites dames religieuses, à l'exception de la sœur converse qui a déclaré ne le pouvoir par faiblesse de sa vue.

TABLE DES MATIÈRES

Poitiers. — Imprimerie Blais et Roy, 7, rue Victor-Hugo.

Extrait des Mémoires de la *Société des Antiquaires de l'Ouest*,
tome III, année 1909.

www.ingramcontent.com/pod-product-compliance
Ingram Content Group UK Ltd.
Pitfield, Milton Keynes, MK11 3LW, UK
UKHW031051260726
13965UKWH00006B/1340

9 782013 044684